深度教学

运用苏格拉底式提问法
有效开展备课设计和课堂教学

THINK LIKE SOCRATES:
USING QUESTIONS TO INVITE WONDER AND EMPATHY INTO THE CLASSROOM

[美] 莎娜 · 皮普斯 Shanna Peeples

著

中国青年出版社
CHINA YOUTH PRESS

图书在版编目（CIP）数据

深度教学：运用苏格拉底式提问法有效开展备课设计和课堂教学／
（美）莎娜·皮普斯著；（当代）张春依，田晋芳译.
—北京：中国青年出版社，2020. 8
书名原文：Think Like Socrates:Using Questions to Invite Wonder and Empathy Into the Classroom
ISBN 978-7-5153-6059-1

Ⅰ.①深… Ⅱ.①莎… ②张… ③田… Ⅲ.①课堂教学—教学研究 Ⅳ.①G424.21

中国版本图书馆 CIP 数据核字（2020）第095931号

深度教学：运用苏格拉底式提问法有效开展备课设计和课堂教学

作　　者：[美] 莎娜·皮普斯
译　　者：张春依　田晋芳
策划编辑：肖妩嫔
责任编辑：肖　佳
文字编辑：赵　硕　朱　佳　贾倩颖
美术编辑：张　艳
出　　版：中国青年出版社
发　　行：北京中青文文化传媒有限公司
电　　话：010-65511272 / 65516873
公司网址：www.cyb.com.cn
购书网址：zqwts.tmall.com
印　　刷：大厂回族自治县益利印刷有限公司
版　　次：2020年8月第1版
印　　次：2025年1月第8次印刷
开　　本：787mm×1092mm　　1 / 16
字　　数：193千字
印　　张：17.5
京权图字：01-2019-2933
书　　号：ISBN 978-7-5153-6059-1
定　　价：49.90元

· 赞誉之辞 ·

莎娜·皮普斯（2015年美国国家年度教师），这位经验丰富、乐于奉献且富有激情的教师在本书中提出了建设性的观点，这些观点在教育界做出重大决定时听到得还不够多。美国在制定教育政策时，必须要问问该政策是否会支持这本书中所提倡的教学实践。如果学生能学会"像苏格拉底一样思考"，他们本人、他们未来的工作单位、他们生活的社区以及美国整个国家都会受益无穷。祝愿这本书能拥有成千上万愿意把皮普斯验证过的智慧付诸实践的读者。

——帕克·帕尔默（Parker J. Palmer）

《教学勇气》（*The Courage to Teach*）、《与自己的生命对话》（*Let Your Life Speak*）和
《在万物的边缘》（*On the Brink of Everything*）的作者

这本书完成了极具挑战性的任务，它所达成的成就令人震惊，它解释了为什么很多好的教学会让人觉得无章可循，缺乏普适性。皮普斯是一位高明的老师，也是一名优秀的作家，这本书就是最好的证明。这是一本值得教师仔细研读的书。我打算把这本书分享给和我一起工作的每一位老师。

——汤姆·拉德马赫（Tom Rademacher）

明尼苏达州明尼阿波利斯市，圣安东尼中学，八年级语言艺术教师

让学生提出自己的问题是一种强大的学习动力。此外，这本书里的故事既个性化又很有说服力，它们吸引着我全神贯注地阅读。老师们能够在这些故事中看到自己学生的影子。

——简·胡恩（Jane Hunn）

印第安纳州亚克朗市，蒂皮卡诺山谷中学，六年级普通科学老师

皮普斯的书具有深刻的意义。它涵盖了教育工作者正在努力设法解决的问题，提供了可以参照的真实案例。不管是新老师还是经验丰富的老师，都可以立即将这些方案和教案付诸实践。这本书会成为学校行政人员和教师反复参考的重要资料。

——奥特洛·拉奎塔（Outlaw LaQuita）

纽约州纽约市，贝肖尔中学，校长

对教工的发展非常有利，是苏格拉底式研修班的新发展，可以提高读者探究的水平。尤其是对于那些开设AVID[①]课程的学校来说，这本书是必备之选。

——瓦乐瑞亚·拉夫（Valeria C. Ruff）

北卡罗来纳州夏洛特市，德鲁伊山学院，AVID负责人、选修课老师

---

① 编者注（后文脚注若无特殊说明均为编者注）：AVID（Advancement Via Individual Determination），即"个人决心进阶项目"，该项目旨在让所有学生为进入大学、走入社会做好准备，强化学生对高层次学习的渴望，帮助学生通过个性和意志发展自己，扩大优势，减少差距。AVID课程包括了数学、历史、科学等多种学科及多方面的能力培养，需要成绩达到B+以上才能申请。

如果你希望你的课堂能重视学生的问题，促进有效讨论，增进师生关系，那么《深度教学》是必读书。在这本书中，莎娜·皮普斯搭建了营造这种课堂环境的简单却有力的结构，而且提出了可以使这种环境蓬勃发展的方法。

——卡拉·万达斯（Kala Vandas）

教育顾问

莎娜·皮普斯将这本书献给她的学生，而且将之称为一封'情书'。是的，对于致力于营造勤学好问的学习文化的教育工作者来说，这是很棒也很给力的资源。苏格拉底说过，'智慧起源于好奇心'。作为人类，问题是我们的北斗星，我们朝着它的方向走，所以我们必须确保北斗星足够明亮，能够指引我们向前。通过将教与学建立在学生提出的问题之上，我们让孩子们自己掌控学习，选择人生中要解决的问题。皮普斯巧妙而明智地将当前关于以深度理解为目的的教学研究与她自己的个人经验，即她和她的学生、同事一起发展苏格拉底式思考的经验相整合，将好奇心和同理心引入课堂，慷慨地给予了我们新观念和新思路。这本书十分宝贵。

——史蒂芬·佩斯·马歇尔（Stephanie Pace Marshall）

伊利诺伊数学和科学学院创始院长和荣誉院长，
伊利诺伊林肯学院校长，
英国皇家文艺制造商业学会会员

在今天的学校，老师和学生们都渴望真实而有意义的对话。莎娜·皮普斯极富洞察力地对提问这一古老的传统进行了革新，在这里，她为如何在今天的课堂上传播知识、如何进行有意义的学习提供了现实指南。这本书会成为实习老师和在职老师的宝贵财富。

——兰迪·鲍默（Randy Bomer）

得克萨斯州丹顿市，北得克萨斯教育学院院长

如果你在寻找通向卓有成效的、以学生为中心的课堂的道路，莎娜·皮普斯会教你怎样用问题和学生建立联系，获得更深的了解，并且挖掘学生内心那些似乎根深蒂固的深层思想观念。《深度教学》是一本实用但又富有真情实感的书，它会用诚实和同理心告诉你问题的力量，也会告诉你这两个要点会如何改变你的课堂。

——布莱恩·赛塔布尼克（Brian Sztabnik）

纽约州纽约市，米勒高中，大学预修课程文学与写作委员会顾问

在这本书中，特级教师莎娜·皮普斯带我们走进了那些引人入胜的课堂的内部，向我们展示了学生是如何做到进步飞快的。《深度教学》在理论和实践之间自如地穿梭，论证了'探究'作为一种教学模式的重要性，并且提供了详细的例证和材料。我从这本书中学到了很多，相信你也会一样。

——贾尔·梅塔（Jal Mehta）

哈佛大学教育学院副教授

目 录

引 言

激发学生深度思考与创造性思维

> 我每天都在想，是什么让我们醒来？其他星球上有生命吗？
> 有外星人吗？我想，对它们来说，我们是古怪的人或者是
> 很奇怪的思想者。
>
> ——艾米，9岁

在教书的第二个年头，一开始我以为学校一定是把最差的12岁孩子都送到我的班了。他们讨厌我，憎恨彼此，厌恶上学，甚至厌恶生活本身。我认为这毫无可能，因为在我学习了如何用问题来激发学生的求知欲，如何让他们设想自己的未来，从而变成更好的人之后，这群学生所组成的班级最后成了我的"大师班"。

我想让他们看到，除了所生活的街区都一样贫穷以外，他们之间还有其他的共性。然而，由于班里存在种族差异和世代延续的不信任感，我的想法未免过于苛求。在餐厅里，他们以种族和街区为界限，每个人都更喜欢和熟识的人在一起。在课上，当我试着将他们分组时，场面如同灾难：有的哭，有的威胁要打架，还有的愤怒地说出侮辱人的话。

我不知所措，开始试着通过写作回忆我自己上中学时的场景。桑德

拉·希斯内罗丝（Sandra Cisneros）在她的短篇小说《十一岁》（*Eleven*）中说道，我们的年龄就"如同树干上的年轮"。当我回头数自己的年轮时，我理解了处在12岁是多么不易。

12岁，作为小孩已经太大，而作为大人还太小，正处于儿童期与青春期的断层阶段，他们的中学生活被不安和焦虑所淹没。很多孩子在这个年纪第一次经历恋爱、第一次被拒绝或第一次感到被排挤。我想这或许正是他们的感受，所以他们才会在班上做出种种令人憎恶的行为。

他们可能感觉到，学校不过是一座考试工厂，而自己不过是流水线上的一个"产品"。这个系统除了看中分数以外，别无其他。如果不能在如此狭隘的标准中胜出的话，你会自然而然地认为这所学校并不属于你，甚至怀疑它是用来禁锢你的地方。如果你有生理缺陷、健康隐患、营养不良，或在家庭生活中见惯了抚养者之间分分合合的不稳定关系，你会更容易接受这种观点。

圣诞前夕，有几个学生离开了我的课堂，再也没有回来。他们已经考虑过自己的处境，权衡过将来通过考试的概率，最后决定去寻找其他获取人生成就的途径。

如果建立一个匿名的体系让学生分享内心的想法，我好奇会发生什么。如果他们看到每个人的内心有多么挣扎，会不会对彼此产生一丝同情？这个念头如同一粒小小的种子，发展成为我后来延续了14年的工作——帮助孩子和成人提出他们内心不曾说出或不曾与人探讨的问题。这本书的诞生归功于那群学生，我感激他们，那一年糟糕的开头成了我职业生涯中最好的时光。

我不是哲学老师，也没有接受过哲学训练。但是，我好奇于哲学式的提问——用道格拉斯·亚当斯（Douglas Adams）的话来说，就是关于生命、宇宙以及世间万物的问题。哲学最擅长的是引入质疑，将未知的不安感正常化，然后鼓励思考与讨论——这恰好是我对学生们的要求。

第二天，我把索引卡发到每个学生手中，并且示范了我藏在内心深处却从不曾大声说出过的问题：为什么好事会降临到坏人头上？为什么人要遭受苦难？然后，我请学生们分享他们的困惑，并将之匿名写在索引卡上。我让他们把卡片对折，这样就没人能偷看了，然后请他们将卡片上交。放学后，我扑在那一堆卡上阅读：

为什么人们会忽视真相？这个世界有真正的和平吗？

为什么人类要互相残杀？为什么人必须死去？

当我们死时会发生什么？

将来动物会拥有和人类一样的权利吗？

为什么爱不能持久？为什么爱中总有痛？

我应该感觉到什么？我应该做什么？我应该怎么做？

读着这些问题，我感到心脏在身体里被挤压，想挣破它的保护壳。我很想找到写这些问题的人，告诉他们："我也一样！我对这些事情也有同样的疑惑！"我想让他们知道，他们所问的正是人之所以为人的核心所在。他们现在问的问题，是人类自从会说话以来就一直不停地在追问的。一旦意识到这个事实，他们又会有什么变化呢？

◎ 献给有好奇心、爱心和敬业精神的老师

这本书是写给那些希望自己的学生能做到更好，并且相信每个孩子都有深度思考和创造性思维能力的老师的。它是为从幼儿园到十二年级、

教授不同科目的老师以及那些培训和领导教师的人所开发的资源。我们当中那些致力于发展平等，特别是那些致力于为最需要帮助的学生创造平等的人会从本书中得到实用性强、操作具体的支持，本书也会加深人们对如何与学生共同学习的理解。

我们现在的学生要比任何时候都更需要提问。以避免干扰他们的学业为挡箭牌，不让他们思考和提问，往好处说是用心良苦，往坏处说则是脱离了真正让我们成为人的东西。在这样一个科技飞速发展的世界，人们对科技带来的变化感到不安，我们寻求权威人士来告诉我们该怎样做、怎样思考。在这样的背景下，提出问题是行使公民权的一种极佳方式，是预防极权出现的疫苗。

和了解与传达相比，课堂文化更加重视学习和倾听。我的目的不仅仅是教授如何用策略或技巧提问，也要让提问成为课堂文化的基础。我和学生们在一起上课时发现，当我们带着问题开展课堂学习，并不断深入提问时，我们在课堂上的收获是最大的。

在本书中，你会发现：

★ 关于如何创造建立在对话、好奇心、探究和对儿童智力的尊重的基础之上的课堂的实用策略。

★ 关于你现有的教学大纲的精进策略，不论你教授什么科目、哪个年级，本书会用实例和获奖教师的建议助你取得成功。

★ 深度递增的问题搭配相应的示例文本，增加学生的学习参与度，从早教学习到高中生的核心内容和选修课学习，覆盖范围广。

★ 循序渐进的课程设置，旨在引出学生的问题，用这些问题评估他们的想法和见解，帮助他们在符合国家标准规定的新型式的学习（包括艺术和职业技能教育）中深入思考。

★ 针对英语语言学习者[①]、特殊教育学生以及资优生[②]的延伸课程。

★ 写作建议、课堂辩论问题和每项教学内容的评估标准。

★ 推荐的音乐、视频及书籍，它们可以按以下的大问题进行分类：

我们能够知道什么？	作为男人意味着什么？
我们怎么知道它是真的？	作为女人意味着什么？
为什么我们会受苦？	谁拥有文化？
谁值得同情？	我是谁？
我们应该如何使用自然资源？	我的目的是什么？
	我们怎么知道做什么？
我们应该如何对待彼此？	我们怎么知道该信任什么，信任谁？

★ 以探究为基础而制订的详细方案，旨在帮助老师和学生建立专业的学习社群，指导教工会议，围绕日常实践建立探究小组。

允许学生用自己的问题与具体的教学内容建立联系，确实会影响固有的教学秩序，但不会影响教与学的本质。它为学生指出了一条路：不

---

① 英语语言学习者（English Language Learners, ELLs）指的是在英语国家（例如美国和加拿大）学习的、无法用英语进行流利沟通或有效学习的英语学习者，他们通常来自非英语国家或家庭，需要专门的英语语言和学术课程指导。

② 资优生（Gifted and Talented Students, GT）指的是智商较高、学习成绩优秀、思维活跃、具有潜在优秀特质的在校生群体。

借助高新的科技手段和昂贵的教学设备进行学习，而是通过项目和问题进行学习，从而对他们生活的社区产生切实的影响。

◎ 为什么当下的学生需要意义和目的

事实证明，对于我教的第一批中学生来说，允许他们在课堂上提出问题，以我意想不到的方式改变了他们。仅仅在课堂上开放了这样一点小空间来让他们进行思考，不但证实了他们是思考者，也证实了他们是有灵魂的人。的确，对于成年人来说，追求个人意义和目标是前进的根本动力，但我们常常会忽略，对于孩子来说也是如此。我们不让孩子们加入讨论，这让他们有了深深的孤独感。

我们给了学生太多没有多大意义的学习任务，这加重了他们的孤独感。他们很少有，甚至没有时间去反思、去创造意义、去理解自己和自己在世界中所处的位置等。斯坦福教育学院教授和心理学家威廉·戴蒙（William Damon）认为："当今，成长过程中的最大问题其实不是压力，而是无意义感。"

由于无法找寻到个人意义而患心理疾病的孩子数目惊人。研究表明，在3岁到17岁的孩子中，每5个孩子中就会有一个患有不同程度的心理疾病，具体表现为"孩子学习、行为或处理情绪的方式发生了重大变化"。这一数据可以理解为，有数百万个孩子在经受焦虑、恐惧以及抑郁症的折磨，他们不信任自己，也不信任别人。在我们的课堂上，它表现为长期缺课、不做学校的功课、扰乱课堂秩序，还有我在几个孩子身上看到的——辍学。

我认为，与其被这一事实击败，不如把它当作变革我们教学的催化

剂。在课堂上关注学生的内心世界可以帮助我们实现这种变革。我说的
"内心世界"是指那些让我们成为独一无二的人的东西：我们的情感、我
们的智力、我们的社会能力，还有我们的精神生活。这些在学校里是最
不受欢迎的，但我相信却是学生最希望融入课堂中去的。

在跟一些孩子打过交道、在一些地方工作过之后，我才有了这种信
念，那些孩子小到只有7岁，那些地方各式各样，从巴勒斯坦拉马拉的阿
玛里难民营到中国上海的某中学。在我家附近，我也教过从非洲东部和
缅甸来的难民学生、学习高级英语课程的学生、辅导班的学生、从监狱
刚出来处在过渡期的学生，以及刚生完孩子、上夜校想拿文凭的青年人。

通过这些经历，我开始发自内心地相信，孩子极度渴望一种帮他们
找到意义感和目标的教育，尤其是那些贫穷的孩子。然而我们却决定将
焦点局限在学习成绩上，这就造成了一种不健康的偏执，即只把学习成
绩作为个人价值的唯一指标。我们已经将学校设定为一个无法发展我们
哲学思考能力的地方，但是，要成长为一个健康的孩子，就必须在学术
能力学习、服务学习、社交和情感原则学习等多个方面全面发展。从非
主观的和非宗派的视角来看，学生心中最想要学习的，是让他们能够作
为公民对社会各方感同身受，行使公民权，履行公民义务的内容。

◎ 给孩子提问的权力

埃德加·沙因（Edgar H. Schein）在他的书《谦逊的探询》（*The
Humble Inquiry*）中，不仅把教学，还把很多其他的美国企业文化描绘为
一种"说教的文化"。他认为，在"一个越来越复杂、互相依赖和文化越
来越多样化的世界中，如果我们不知道如何提问，如何在相互尊重、承

认别人了解我们在完成一项工作时所需要了解的东西的基础之上与人建立关系，我们就无法理解来自不同职业、不同专业和不同民族的人，也无法与他们共事"。他将"谦逊的探询"定义为"引导他人说出自己的想法，通过提问获得之前未知的答案，基于好奇心和对他人的兴趣来建立人际关系的一门艺术"。

我们的"说教"让孩子们无法专心。我和其他人一样有负罪感。幸运的是，我有这样一群难搞定的七年级学生帮我打破了这个习惯。顶住"老师即讲话的人"的压力和诱惑，我们就可以看到，面前的孩子真正是什么样的人。当我们给学生问问题的空间时，就表明我们承认他们的问题也有意义，赞许每个人都有提问的权力。

对于那些在不良环境中成长的孩子，他们在生活中可能受到暴力和贫穷的侵扰，也可能受到他人恶癖的影响，而倾听他们内心最深处的想法和感情，会使他们感到受尊重，这可以改变他们对自己以及对学校的看法。在家里，成人与孩子间失衡的关系会让孩子觉得没有存在感，因而少言寡语；在学校，这种失衡仍在持续，一个接一个的成年人命令孩子坐下、保持安静、听大人的话，这就让孩子从心底滋生出了愤怒的情绪。

当被邀请写下问题时，8岁的亚历山大说出了很多孩子想要说的话，他写道："大人们恨孩子吗？因为一些大人说他们爱孩子，但我不知道他们到底爱不爱，他们是不是在隐藏些什么？因为有些大人看到东西，却不告诉别人。"

◎ 像苏格拉底一样思考

苏格拉底（Socrates），历史上最伟大的老师之一，相信问题的力量，而不是给学生讲课的效率。我们今天说的"education（教育）"这个词出自拉丁语，它来自两个词根，educare（训练）和educere（引导走出），苏格拉底理解的教育，就是这两个意思的综合。他认为，让人们去质疑他们自认为已经知道的东西，而不是向他们说教，会让人更深刻地理解事物。

他一心一意地践行着自己的信念，问人们最关心的话题，例如勇气、爱、尊重、节制和他们灵魂的状态……他用辩证法（苏格拉底法）向他的雅典同胞提问，这使他的听众必须自主地思考问题，得出符合逻辑的结论。

苏格拉底的名字已经被镌刻在教育的纪念碑上。他的名字已经变成了一个形容词，用来形容苏格拉底式的对话和苏格拉底式的研讨，这两个术语意味着用问题来帮助学生挖掘他们已有的知识，联系他们所学的东西，提出质疑，建构更深层次的理解。

我们尊崇苏格拉底，认为他是最伟大的老师之一，却很少有人了解他的提问法。从什么时候起我们开始认为我们只需要答案，而把提问当作可耻的呢？

所以，我继续用了从我教的第一批中学生那里学到的方法：请学生和大人都思考他们内心深处的问题，并匿名写下来。然后我会将其中的几个问题大声读出来。大人和学生的问题都可以用作写作、反思和做研究的提示和线索。尊重他们的问题，不仅是尊重与你一起工作的人的思

想，也是尊重他们自身。

◎ 创造有活力、有深度的学习空间

第一章　解释了如何鼓励学生提问。

第二章　提出了用问题规划学术讨论的具体策略。

第三章　聚焦于如何创造一种用写作来进行探究的课堂氛围。

第四章　探讨了如何通过倾听帮助孩子更好地思考。

第五章　展示了如何创造和维护更深层次的学习。

第六章　提供了一个可以生成各种层级认知问题的框架。

第七至十二章　根据特级教师在核心教学科目、艺术、职业和技术教育方面的建议，以及那些跟特殊教育学生、英语语言学习者和资优生打交道的教育工作者的建议，围绕推荐的文本和资源，探讨了如何建构和使用特定层级的问题。

第十三章　展示了如何用学生的问题来创建以项目为基础的个性化学习。

第十四章　展示了教师如何用他们自己提出的问题开展合作，以解决个人实践问题，促进职业发展。

我认为我们可以创造有活力、有深度的学习空间，在这个空间里，即使幼儿园的学生也可以试着去解决那些令我们长期困惑的问题。我们之所以设计教学是为了引发提问而不仅是取得好成绩，是为了激起好奇心而不是进行考试，是为了激发创新而不是倡导服从。所有的这一切都始于鼓励提问并重视学生内心已然存在的问题。

· 第一部分 ·

构建鼓励提问的
课堂文化

在这个部分，你会了解到：

- 如何帮助孩子提出问题

- 如何将问题变成讨论议题

- 如何借助孩子的问题帮孩子更好地阅读和写作

- 如何通过倾听促进孩子思考

- 如何开展和促进深度学习

第一章

当今的孩子
围绕学生的问题创造更深层次的学习体验

在为教师设计职业发展工作坊的时候，我最喜欢抛出这个问题：作为一名教师，你觉得内心最痛苦的是什么？老师们的答案竟然惊人的一致：

1. 学生总是无动于衷，毫无动力，自由散漫；

2. 学生并不重视教育；

3. 得不到家长的支持；

4. 学生缺乏自信；

5. 技术手段让学生分心。

在一次针对K-12①教师的演讲中，我正要讨论"被宠坏的孩子"这个话题，一位男士在休息时拦住我说："他们得明白，在现实世界中，没有人会在意他们的想法。"他说道："你会教我们怎么告诉他们真相吗？"

不，我不会这么做。

我反问他是否有被忽视的感觉。"你是不是觉得没人关心你的想法？所以你不能为自己的班级和学生做决定？"他不说话，凝视着我。这让

---

① K-12（kindergarten through twelfth grade），教育类专用名词，是学前教育至高中教育的缩写，现在普遍被用来代指基础教育。

我怀疑：我们是否已经屈服于对学生的这些假设，而不再履行作为教师的职责了呢？如果我们真这么想，又为什么不给他们在现实世界中验证自己想法的机会呢？我们为什么不给真正值得付出努力的事情创造机会呢？

也许，被剥夺了所有的选择，正是学生们变得冷漠的原因之一。老师们却因为他们不能"独立思考"而感到烦躁恼怒。作为一名教师培训者，我通常看到的教室是这样的：一排排课桌，翻开的教科书，老师在教室前面讲课。我们对这种场景熟悉得不能再熟悉了，可以说，即便是来自19世纪的学生也不会对此感到陌生，这就是默认的儿童学习的场景。

人与人之间的联系是人类最基本的驱动力之一。我们想要并需要他人的陪伴。更为重要的是，根据苏联教育心理学家维果斯基（Vygotsky）的社会发展论，我们只有在参与社会学习的过程中才能变得聪慧。该理论强调了学习环境对于儿童如何思考以及思考什么的重要性。

青少年的发展需求往往集中于探索"他们是谁"。如果在我们的班级里，这种需求无法得到满足，那么我们老师又和手机或其他设备有什么区别？我们鼓励自然的社会行为，就是要让我们自己以及我们的学习经验有存在的必要，让我们以及我们的教学不能被技术或程序所取代。

◎ 允许学生在课堂上提问会发生什么

好奇心激发着哲学家、艺术家、科学家、历史学家、探险家和创新者，允许真正的好奇心是我们在教学实践中能够做出的最根本的变化。当我们退一步，让学生朝着他们自己的探究前进一步的时候，就会打开他们大脑中的开关，改变一切。鼓励学生通过提问进行学习，赋予了他们一种智慧的力量，让他们也能创造出意义。

神经科学认为调动大脑的最快方法是提问。神经科学家、中学教师朱迪·威利斯（Judy Wilis）认为，提问就像给孩子的大脑注射兴奋剂。因为问题能够启动大脑里的预测程序，一旦有问题进入这个系统，大脑就会试图通过给出明确答案以消除不确定性，就会迅速产生想要知道答案是否正确的强烈压力，他指出：

学生的好奇心，连同他们书面或口头的预测，会将他们的大脑调整到一个完美的专注区，就像大人们在赛马场下注一样。学生对这个主题并不一定感兴趣，但大脑必须知道他们的预测是否准确，这和赛马下注者想要知道自己是否下对了注是一样的。

作为一名教师，我们可以利用这一点来辅助我们的教学。如果我们可以将学生的问题引导到我们的教学内容上来，就可以利用他们寻找答案的天性帮他们进行深度学习，从而发展他们的词汇量、听说能力、写作能力、阅读能力，最重要的，还有他们的批判性思考能力。

在我成为国家年度教师的那年，这个想法得到了验证。与美国国务院开展合作后，我以美国教学大使的身份访问了中东。当时，独自旅行带来的精神压力让我心力交瘁，只能专注于寻找机场附近的路，努力适应并不安定的周边环境。所以我并没有时间和精力像平时那样准备我的第一次演讲。在这种突发情况中，我选择了在我看来是最基本的，也是我最熟悉的授课方式：邀请学生分享他们的问题。

尽管我们素不相识，位于耶路撒冷的美国耶路撒冷高中的学生们依然很愿意合作。我们聚集在一个礼堂，我看着这200名学生，心中不安的巨浪就要把自己吞没。看到学生们的脸上写满了期待和鼓励，我得像

在自己的中学一样做个开场白：分享一个私人的、有意义的问题。

"在教书之前，我曾经当过记者，碰到过一些非常悲伤和惊悚的事情。"我告诉他们，"有些事，我一辈子都忘不了，特别是发生在孩子身上的事情。我接受了好人也会遇到坏事的现实，这个世界就是这样。而我不能接受的是，好事居然降临在坏人身上。为什么有些人能逃脱惩罚？为什么有些人无须为他们的所作所为负责？我不知道是否能够找到一个好答案，但这是一直困扰我的问题。那么你们呢？你们有一直萦绕心头、挥之不去的问题吗？是什么萦绕着你们？什么让你们伤心？什么让你们生气？或者你们有没有无论怎么想都想不明白的事情？"

这一刻，他们沉默了。我能看出来，他们在想这个来自美国的陌生女人是否值得信任。

"我想请你们的老师给每位同学发一张纸。我想知道你们的答案是什么。"我继续说，"你们藏着不敢说的事情是什么？能和我分享它们吗？如果你们愿意，请写在纸上。"

当他们开始动笔的时候，房间里充斥着忙碌的静谧。我长舒一口气，他们的表现和我自己班里的学生无异。

这就是我的课上常见的开场白。我想教室里之所以变得如此安静的原因之一是我的提问让课堂变得真实而感性。虽然我分享的是我个人对正义难以伸张的挫败感，但这个主题同样吸引着青少年。

几分钟后，我叫学生们停下来，看看有谁愿意分享。看到如此多的手举起来时，校领导们震惊了。

"为什么世界上有那么多的狭隘？"

"我们能撒谎吗？"

"为什么我们把有钱等同于成功？有其他的成功方式吗？"

他们的老师像我一样惊讶。"毫无疑问，今天我们课上一定会讨论这些问题。"其中一名教师告诉我。当我离开学校的时候，一个大一点的女孩对我说："我想给你一个拥抱，谢谢你倾听我们的想法。"

我们总是觉得孩子们想要更多的高科技、更好玩的游戏或更有趣的课堂，或许他们真正想要的仅仅是我们能够倾听他们，相信他们的智慧。

◎ 从你自己的问题开始

想让学生在课上提出更多真实的问题，你要做的第一件事就是确保你自己所提问题的真实性，分享你内心的真实想法。当我请老师们匿名分享他们真实的问题时，我发现他们内心长期纠结的问题和学生们关心的事情紧密相连：

来自蒙大拿的老师问：

"为什么原谅对方，开始新生活如此困难？"

"为什么倾听别人很难？"

"为什么个人/企业如此恶劣地对待地球？"

来自俄亥俄的老师问：

"如果明天我死了，我会后悔工作占据了我太多的生活吗？"

"我正在变成一个好人吗？"

"这个世界上有很多我深爱、珍视的美景，它们会一直存在吗？"

"为什么无辜的人会被随意枪杀？下一个会是谁？"

"这个世界上为什么有如此多的狭隘？"

来自得克萨斯的老师问：

"我们为什么就不能如实衡量一个人的价值，为什么要因为长相或者信仰而贬低他们？"

"未来会变成什么样？"

"现在那么多学生经历的创伤会不会影响他们的后代？"

读着这些问题，我看到了共同的人性。世界各地的人在疑惑着同样的问题，更神奇的是，孩子们和我们想的一样。如果我们能够退后一步，给孩子们腾出一个诉说和被倾听的空间，他们会向我们展示自己的所思所想。

贾斯汀·明凯（Justin Minkel），阿肯色州费耶特维尔市的一所非常贫困的学校的二年级教师，曾经在开学第一周，问学生们他们会问世界上最聪明的人什么问题（见图1.1），并让他们分享自己的答案。

为什么人有不同的肤色？

为什么上帝要创造人？

为什么小孩没有工作？

为什么白种人对棕色皮肤的人凶巴巴的？

我是怎么生病的？

为什么有些动物大，有些动物小？

为什么妈妈要打我的坏妹妹？

谁先存在的？

为什么我的姐姐对我很凶？

为什么爸爸妈妈对小宝宝这么狠？

图1.1 二年级学生的问题

这让我想起教书第一年时，收上来的七年级一个班的卡片（见图1.2）。

我为什么没有朋友？为什么人们忽视我？

世界会灭亡吗？真相是什么？

为什么人们很刻薄？为什么人们会这么想？

为什么人们要残杀？

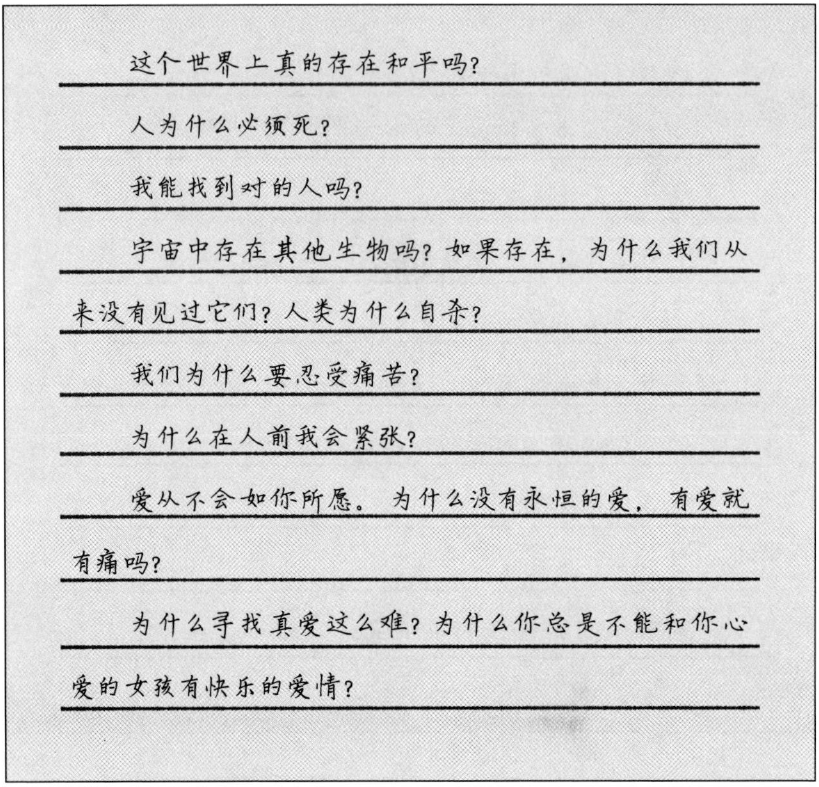

这个世界上真的存在和平吗?

人为什么必须死?

我能找到对的人吗?

宇宙中存在其他生物吗?如果存在,为什么我们从来没有见过它们?人类为什么自杀?

我们为什么要忍受痛苦?

为什么在人前我会紧张?

爱从不会如你所愿。为什么没有永恒的爱,有爱就有痛吗?

为什么寻找真爱这么难?为什么你总是不能和你心爱的女孩有快乐的爱情?

图1.2 七年级学生的问题

似乎所有的问题都和约瑟夫写下的文字相关。约瑟夫是我在夜间项目合作过的一个年轻人,他曾因涉嫌飞车枪击案而坐牢,当时正处于出狱的过渡时期。我请他把那些令他困扰、悲伤、纠结的想法和问题写下来。一次疯狂的爆发过后,他写下了图1.3中的文字。

学生们的问题与之并无二致。如果你给他们足够的时间、空间和尊重,他们思想的深度会令你震惊。

约瑟夫

挥之不去！！

~~让我挥之不去的烦恼是不知道是否我们班上有人能~~
~~理解~~

困扰我的是总有人图谋不轨！我不得不每天晚上一直盯着窗外，确保一切正常。困扰我的还有麻烦重重的童年记忆。困扰我的是不知道明天将会发生什么？困扰我的是所有人都会发生变化。困扰我的是不同日子里发生的同样的事情。困扰我的是我最后一次在法庭上将要爆发前毛骨悚然的感觉。

悲痛欲绝！

令我悲痛的是我们生下来，然后死去。看到一秒钟的曙光，然后等待死亡。令我悲痛的也是令大部分人悲痛的，无处可逃，形单影只，无家可归，无人关心，这个困惑令人绝望，我曾经无辜，如今毫无疑问迷失在罪恶里。愧疚感敲打着我，然而我并不知悔改。令我悲痛的是我如此努力却如此平凡。令我悲痛的是我过去的行径铸就今天的命运之轨，如今我再也无法重来，一旦变成灰与白，就从此告别黑。我的精神如此低迷，

> 而我的灵魂却很高昂，因此，我还在生活的赌局里下注。
> 为什么消极而宏大的想法会占据我的思想。为什么我明
> 知何为正确却仍要做错事。过去的7天24小时，我经历
> 的时间，我空洞的勇气。此生我如此悲伤。

图1.3 高中生约瑟夫的问题

◎ 如何开始——正视孩子内心的问题

你需要具备的条件如下：

★ 一个严肃的写作和思考的空间

★ 尊重、善待和包容新想法的文化环境

★ 舒适的讨论氛围和基本的引导技巧

★ 深度倾听孩子发言的意愿

方案1.1 收集学生内心的真实问题

材料

★ 开场白（自己准备或参照我的建议，参考附录）

★ 你对最为困扰自己的问题的书面反思

★ 用于抛砖引玉的、本书中提到的学生问题

★ 计时器

★ 安静的环境

★ 索引卡（确保学生人手一张）

★ 记录纸（年幼、读写困难或者语言学习者可以口头分享问题，你帮他们记录）

时间

10分钟——这是一节微课的时长，适合任何一所中学的课程表。必要的话，比如在教授低龄学生或实行长时段排课方式时，你可以延长课时。不过，短课时的效果更好。

介绍

如今我们的世界存在各种问题，譬如我们如何相处的问题，我们如何共享地球资源的问题，有关科技、金钱、家庭的问题，等等。面对这些，我们可能提出以下问题：

★ 我们应该如何活着？

★ 我是谁？

★ 我为什么出生？

★ 我们能知道什么？

问题如此之多，长期以来一直困扰着人们，因此，并不是只有你一个人在思考这些问题。在学校，我们很少思考如此深刻且严肃的问题，但如果我们这么做了的话会怎样呢？假如我们能够向世界上最聪明的人提问，你会问什么？

目的

提问的目的是帮助学生思考他们真正在乎的问题，让学生说出自己内心的疑惑，围绕他们的问题展开这节课的内容。在此基础上，你才能够将学生们的好奇心与你的教学内容相关联。这种连接使课堂学习跨越年龄和学科，对学生来说更加明确，更具吸引力。

步骤

不要要求学生在卡片上写名字，因为匿名可以让学生坦诚地提问。写下最想问世界上最聪明的人的问题，写得越多越好。不要在中途停下来讨论或试图回答提出的问题，以最快的速度把问题写下来就好。（对于低龄、读写困难或者语言学习者，你可以帮他们把问题写下来。）

★ 1分钟——阅读介绍和说明。

★ 5分钟——学生书写问题（或老师帮忙记下问题）。鼓励他们提问，通过与学生一起写作或者提供一个你自己的有深度的问题加以示范。（例如，我曾经举了这样的例子：我接受了好人难免厄运——这就是生活。但是真正烦扰我的是为什么恶人有好报呢？）

★ 3分钟——分享你的一个问题并对该问题进行分析，要求学生回答书写问题的过程中遇到的问题：什么最困难？什么最容易？什么让他们惊讶？

★ 1分钟——为了保护隐私，请学生将卡片对折，然后收回。告诉学生下节课你们会讨论这些问题。

低龄学生及语言学习者的授课调整

★ 允许学生用图像表达思想，然后对他们画的画提问，总结其中的主题，把听到的内容转化为问题。

★ 在学生书写问题之前，允许学生口头分享他们的问题。当他们试着写出问题时，你可以在黑板上写出其中的一些问题或要点，帮助他们书写问题。

第二章

为参与而设计
如何用学生的问题规划课堂讨论

真正的生活源于细微的改变。

——列夫·托尔斯泰（Leo Tolstoy）

如果学校能够开展"以学生为中心"的课程，如果我们愿意对学习环境做一些细微的改变，那么我们的教育改革将产生更加显著的效果。当我们有足够的勇气质疑我们自以为是的学校教育模式时，我们才能找到如何因材施教的答案。

把提问作为一门课来试上几天很容易，难的是如何坚持下去。我认为重要的是我们要接受探究的文化，并将之应用到学习空间和学习氛围的构建中去。

当我们把课桌换成普通小桌，让孩子们围坐在一起，每张小桌3个人，或者尝试将桌子、课桌和单人椅更灵活地摆放，更灵活地划分小组时，会发生什么？这些将如何改变教室的动态？

对我而言，改变教室的物理布局，能够帮助我改变对授课方式甚至学习方式的看法。课堂不再是所有的眼睛都集中在我身上的"皮普斯女士的个人秀"。这种新的设计意味着有些学生会背对着我，小组成员会相对而坐，而不是全部面对着我。实际上，这样的布局也会使吸引孩子的注意力变得更加困难，因此我必须创造机会同学生们进行平等的交流。这样的分组也要求我必须走下讲台，加入学生们的对话中去。

改变座位，让学生决定想坐在哪里，想听谁的课，是我将"以学生为主的学习"这一信念付诸实践的一种方式，而不只是嘴上说说而已。

重新布置教室就是我重新安排教学实践的一种方式。让自己"离开舞台"并没有那么轻松，旧的方式我已经很熟练了，它给人一种一切尽在掌握的错觉。然而，改变的确带来了很多收获。最初，由于这样的改变，我必须更加努力地制定新环境中我们将共同遵循的规范和协议，但这样的努力是值得的。更换教室的布置、重新划分小组、更换桌子和改换单人椅立马为课堂增加了更多的可能性，激发了我和学生的热情。

我很不愿意听到有些人议论"现在的孩子"的种种不是，也不愿意看到有老师在社交媒体上通过表情包——"你想成为自己班里的学生吗"来表达自己的负罪感。负罪感和羞耻心从不会激发任何人去改进自己，也不会让他们去竭力做到最好。教师并不是学习过程的"最终用户"，学生才是。相较而言，老师更应该采取的行动是转向你的学生，问问他们：在这个教室里学习的感受如何？

我们想要的，不是我们的学生想要的；我们想让他们要的，也不是他们想要的。我们可以像苹果（Apple）、沃尔格林（Walgreens）甚至达美乐比萨（Domino's Pizza）那样，关注我们用户的体验，重视我们

"销售"对象的反馈。通过分析这个过程来持续改进每天带给学生的体验。如果我们坚持认为不参与学习是学生的错，与学校的安排无关，我们将错失变革学习的机会。

◎ 把设计思维应用到教学中去

我们可以将计算机科学中的一种思维方式运用到教育中去，那就是所谓的"用户体验"，即一个应用软件或者操作系统对用户而言要极尽简单和实用。"用户体验"的国际标准定义关注的是一个系统、流程或产品如何影响"所有用户在使用前、使用中和使用后的情绪、信仰、偏好、认知、身体反应、心理反应、行为以及成就感"。

设计我们梦想的教室的想法正符合工业设计和机械工程学教授罗尔夫·法斯特（Rolf Faste）对设计思维的论述，即"设计思维是一种创造性行动的方法论"。他对工程学的思考始终围绕着一个核心原则：设计不仅仅是制造产品，也包括对用户行为和用户体验的设计。他强烈主张从用户的角度来看待一切，不仅要对人和文化敏感，还要在设计中为他们创造意义。

我们可以将这一原则应用到学校环境中，作为教师团队或全校教职工的一员，关于我们的课堂设计，我们可以先反思以下问题并给出答案：

1. 我们班级(或学校)的设计为什么会让学生觉得乏味、没有参与感、缺乏动力？

"谁做得多谁就学得多"这句老话在这里就很适用。如果老师是课堂上发言最多的人，学生不仅容易心不在焉，而且也很难参与到讨论、探究和批判性思考的活动中去。

2. **我们的设计为什么没能有效传达课程内容的价值？**

   如果我们只是把课程内容作为"必考内容"或者"下学期必备内容"来讲授，我们其实就是在告诉学生这些教学内容没什么价值。如果我们能用心找到教学内容和学生当下生活的相关性，学生就会有更强烈的学习动机。

3. **我们的设计为什么没法让家长们参与进来？**

   许多家长被我们难以想象的事情搞得焦头烂额。根据皮尤社会趋势（Pew Social Trends）的研究，很多家长从事数份兼职工作，往往还需要照顾年迈的父母。社交媒体、短信、论坛或者家访可以帮助父母参与到孩子的学习中去。休斯顿的"家长超级中心"[①]，或者加州的"提供洗衣服务以提高出勤率"[②]项目，让家长更直接地参与到孩子的学习中去。

4. **我们的设计为什么会让孩子对自己的能力越来越没信心？**

   以小学生的行为表为例，我们总是贬低和羞辱学生使其服从，而不是帮助他们培养自我控制的能力。多花点时间与学生交流，讨论他们的行为和选择，才是值得做的事情，而不是依赖一张可能完全无法反映学生课外生活的行为表。我们的中学则过分强调成绩，这会削弱学生的自我效能感，更糟的是，我们总是奖励那些我们希望学生发展的行为，例如为了让学

---

① 休斯顿独立学区建立了5个"家长超级中心"，为了让家长更多地了解和参与孩子的校园生活，家长超级中心帮助家长们学习如何使用计算机，包括如何使用办公软件、如何上网等。

② 有研究显示，若学校提供洗衣服务、体香剂、女性用品等满足学生的基本生活需求，学生的出勤率会明显提升，也会有更佳的课堂表现和学术成绩。

生完成阅读日志而奖励他们免费比萨。培养学生对阅读的热爱才是更值得追求的目标。我们希望学生努力学习，迎接挑战，学会如何从挫败中恢复，这才是他们在表格和奖励之外真正应该学到的东西。

5. **我们的设计为什么会让学生分神？**

想想你要求学生在学校内外使用数字化教学工具完成的工作量吧。以集中注意力为中心的教学空间设计有助于学生减少分心。对现代化设备需求的讨论可以帮学生意识到他们为何选择设备而非彼此。一些学校用正念练习或户外活动让学生进入一种更加平静、更加愿意接纳的状态。

根据我和青少年接触的经验看，他们很想让我教他们"20/20"一类的工作法，它类似于番茄工作法。借助定时器，让学生们先完成20分钟专注认真的工作，然后给他们20分钟散漫的、放飞自我的时间，如果他们能完成两轮20/20，就完成了将近一个半小时的工作量。如果我们能教给学生用具体方法控制他们的注意力，他们就可以将之运用到其他科目和校外生活中去。

简言之，针对教育问题，设计思维要求教师和管理者"理解、改进和应用"解决方法。这是创新的种子，是教育界最新的流行词。创新不是求助于收费高昂的咨询机构，让它们出个方案就一劳永逸的事情，也不是使用最先进设备或最新的软件，更不是简单的"交钥匙工程"。我们不能通过命令、威胁或使人愧疚而去创新。但是，我们可以有系统地为创新创造条件和制度，让创新在学校里经常发生。

◎ 使用发散性思维解决设计问题

学生已经失去了好奇心，因为我们教给他们的知识是离散的。这归咎于我们僵化的学校结构。的确，我们需要这样一个结构，否则学校就会难以管理。但在理论上，教室结构越松散，学习形式和使用教材的自由度就越高，学生学得就越好。

——瑞沃西·巴拉克丽山娜
（Revathi Balakrishnan），
圆石城独立学区资优教育专家，
2016年得克萨斯州年度教师

如果我们在课堂上遇到的许多问题都是设计问题怎么办？如果我们能够对行为和体验进行设计，你会怎么办？从本质上讲，设计思维是一种总是在持续寻找更新、更好的方法来解决问题的思维。以学生课堂参与度低这个问题为例，设计思维可以通过分析将问题细化。

像苏格拉底和设计师一样思考，我们可以使用发散性思维。这种思维方式可以帮助创建多个视角，产生多个解决方案。"立方体"策略是使用发散性思维的一个简单方法（因可以写6个问题或提示故而被称为"立方体"策略）。在回答探究性问题时，我们可以用这些提示来思考关于我们的教室和其他学习空间的问题（见表2.1）。

表2.1 "立方体"设计策略

描述	**思考：** 学习环境 运用你的感官：它看起来像什么？听起来像什么？闻起来像什么？感觉像什么？	**尝试：** 坐在教室里不同的学生座位上，注意你的感受，想象成为你学生的样子。
比较	**思考：** 这个空间让你联想起什么积极的东西，什么消极的东西？	**尝试：** 添加一两个"软元素"，比如地毯、豆袋或地枕，让它更有家的感觉。
关联	**思考：** 这些活动让你想起什么？	**尝试：** 找一段视频、一首歌或者其他形式的流行文化，把你的主要观点与学生们已经知道的内容联系起来。
分析	**思考：** 你的学生是谁？他们来自哪里？他们的目标是什么？	**尝试：** 做一个简单的学生调查，了解他们的家庭、最喜欢的事情和目标，并据此设计对他们个人而言更有意义的课程。
应用	**思考：** 你要求学生做的事情与实际生活的相关性。	**尝试：** 找到你教的内容与他们今天在生活中用得到的知识的相关性。你的课程是如何帮助他们更好地思考、创造、交流以及合作的呢？
提出观点	**思考：** 在你的教室里应该有怎样的活动？这个问题的答案就是你的观点。	**尝试：** 想象一下学生或家长会对你的观点做出怎样的回复。从不同的角度来改变课程内容或教室布置。

　　一旦你解决了"立方体"里的一系列问题，你就可以开始为你的课堂创建一套体系及解决方案了。最后是使用"聚合思维"将通过"立方体"

策略得到的答案或其他头脑风暴练习中收集到的信息聚合在一起，得出一个最有可行性的方案，综合你的创意和洞见，使之成为可以实现你心中所想的方案。最终，你所有的这些脑力劳动会给学生带来更好的学习体验。

下面的章节将在重新设计你的空间、思维和练习方面提供深入的指导。不同学科领域和年级的获奖教师将展示"如何通过改变你的思维方式进而改变学生的自我认知"的方法。

◎ 做出改变——回报藏在风险中

我们学校最大的变化发生在十一年级英语教学组开始采用苏格拉底式问答之后。同事、学生和我一起研究如何设计课堂讨论的问题，我们问自己，如何才能让课堂讨论更有趣，开始研究和尝试新的说话方式和倾听方式。

经过一年的调查研究，我们形成了一个完全由学生管理的结构。按照设计，我唯一的任务就是拍摄讨论的过程（实际上我本可以交给学生来做）和把握时间（现在我开始把这个任务交给学生来做）。这个结构建立在重新设计包括发言时间、座位和文本在内的所有元素的基础之上。尽管这需要相当多的计划，最终的结果却相当令人满意，可以说是我见过的最有意义的学习。学生们在年底的匿名调查中也赞同苏格拉底式的讨论对他们来说是最有帮助的经历。

如果我们希望孩子接触学习的核心所在，我们就得冒着课堂失序的风险，但回报就藏在风险之中。

师生共同决定讨论要使用什么样的文本。教师们一起寻找有助于讨论的各种资源，并把它们分为非虚构、小说、诗歌和多媒体等多个类型，将之与我们的教学标准和内容联系起来。学生们选择一个值得讨论或者测试的问题，围绕该问题选择他们想要阅读的内容来支持讨论，我们一起练习编写批注、一起进行批判性阅读和批判性思考。

方案2.1 "苏格拉底圈" 讨论式教学法

角色描述

★ **演讲者**——你将讨论问题或主题，并展示如何使用学术语言、如何使用文本证据以及什么是好的讨论礼仪。

★ **演讲教练**（每个演讲者都有一个教练）——你应观察演讲者或倾听演讲者的演讲，记录演讲者在讨论过程中做得好的地方以及需要改进的地方。

★ **发言记录员**——你需要做一张发言者的表格，标记每次发言的对象。

★ **证据教练**——你需要倾听讨论中证据的使用情况，记录使用者和使用方式。（如果你们正在学习辩论技巧和逻辑漏洞，也可以指派一名"逻辑推理"教练。）

★ **学术语言教练**——你需要倾听讨论中词汇的使用，评估发言者的发言是否恰当以及用法是否正确，并形成书面报告。

★ **大板书**——你的工作是将讨论中有趣的观点以简短的方式写在书写板上，供后续学习使用。

★ **唱反调者**——你要听取和鼓励讨论中更多样、新鲜甚至不受欢迎的观点。

★ **掌舵者**——如果你发现话题跑偏了或者没有人说话，该你上场加入讨论了。你可以鼓励不说话的人说话，也可以鼓励不倾听的人倾听。一旦完成了任务，你随时可以离开。

★ **摄像师**——你的工作是全程录制课堂讨论，供大家评价各自的表现或供缺席的同学学习。

材料

★ 待讨论的问题或主题（参见内容章节中适合不同年级的问题样本或学生提出的问题）

★ 根据学生的偏好提前分配角色

★ 用于支持讨论的文本（人手一份，最好有注释。课堂上，我们让学生从3类文本中选择:(1)当下的新闻,(2)小说或诗歌,(3)哲学读物、分析文或说明文。这些文本为正要讨论的问题或主题提供了角度。)

★ 记时器

★ 摄像机（可选。用于学生评价他们的表现）

★ 书写板或记录纸

★ 供学生记笔记的纸

时间

40分钟——上下半场各15分钟, 5分钟中场休息及5分钟汇报时间。

目标

帮助学生从更具批判性的角度和更深的层次思考问题、主题或文本，同时提高学生的学术语言水平和学术讨论技巧。

步骤

在这节课上，学生们应该拿着阅读材料进入已分配角色的位置。演讲者站在教室中央，"演讲教练"坐在演讲者后面。除了"大板书"以外，其他角色围成一个适合听讲的圈，"大板书"最好站在书写板或者记录纸旁负责记录。尽快进入讨论，指定一个计时者（通常由教师负责计时），先定好15分钟，控制好5分钟中场休息和5分钟汇报时间。演讲者一开始发言，讨论正式开始，摄像师就启动录制。

* **15分钟**——计时者开始计时，并示意演讲者开始发言。同时，其他同学按照角色要求进行记录。

* **5分钟**——中场休息。计时者开始计时，演讲者和教练交流，其他教练协商，教师与每一位外场教练核对信息。

* **5分钟**——计时者重新开始计时。进行上半场总结，教师要求不同的教练或角色汇报。

* **15分钟**——计时者设置好15分钟的时间，示意演讲者开始下半场的发言。

总结

如果时间允许，教师可以引导下半场的小结。

你还可以通过反思写作延展本次课程。我拍下板书，将它们转换成PDF格式，发布在班级网站上，帮助学生在完成反思写作时找到一些思路。缺课的学生可以观看课程视频。在课后的"说与听"研讨会上，学生根据我们共同创建的标准评估讨论效果，老师做总结。学生为下一次课堂讨论设定演讲、倾听和思考的目标，并记下各自的优缺点。

你也可以通过扩展背景知识做一些延伸教学，就同样的问题或主题进行定时写作。

◎ 参与度高的讨论是怎样的

当我举着摄像机记录我们班正在进行的"苏格拉底圈"讨论时，心中百感交集。首先是骄傲，为他们选择探索的问题——"我们如何得知什么是真"而骄傲。我为他们的有备而来感到自豪，他们对我推荐的阅读材料做了注释，还自发收集了歌词等其他资料；我为他们以认真负责、当仁不让的态度选择讨论如此艰涩的问题而感到自豪。同时，我也感到了一丝遗憾和失落，因为他们似乎不需要老师告诉他们该做什么。

当亚当发言的时候，我看到同学们向前倾身，认真倾听。"所谓的真实，就是一群人说它是，它就是。他们同意相信一些事情，即使它可能不是真的，比如人们对墨西哥人懒惰的偏见。他们不知道我爸爸有多努力。他们没有看到这个事实。他们选择相信自己的偏见。"金伯愤愤不平地在白板上写下这段话，凯伦和帕梅拉则坐在演讲者后面做指导笔记，恩里克在小白板上记录发言。贾兹敏说："亚当，是你让我脑洞大开，你的意思是，真实是通过我们的信念创造出来的？"亚力克斯点头附和。

我很难描述我自己所期待的讨论的样子，有时也很难听到，但是他们的讨论比我预想的还要深入，我感到十分惊喜。他们不需要我指手画脚，只需要我为他们创造空间，创造对话的条件。有时候，我扮演"掌舵者"挑战他们，"那超自然现象呢？"我问，"鬼魂存在吗？我们能证明灵魂的存在吗？"我把"掌舵者"的角色让给了娜塔莉，她会就着这些问题向演讲者提出更多挑战。想到这周晚些时候我们还会在阅读纳撒尼尔·霍桑（Nathaniel Hawthorne）的《好青年布朗》（*Young Goodman Brown*）时一起更深入地讨论这个问题，我笑了。

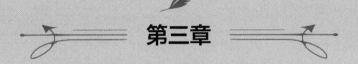

第三章

像苏格拉底一样教学
营造鼓励学生探究的课堂氛围

> 你是你选择的集合体。日复一日，你的选择，你的思考，
> 你的行动，成了你。
>
> ——赫拉克利特（Heraclitus）

有些读者可能觉得奇怪，在一本关于探究的书里，先读到了一些关于设计的内容，然后又读到了一些关于倾听和信任的内容。然而，有意识地关注课堂设计和师生情感建立，对教师的教学和学生的学习至关重要。如果不先做出这些改变，想要实现更好的教与学，即便不是不可能，也会非常困难。

多年来，我一直错误地以为我的课堂是一个"待修缮的房屋"，就像许多DIY电视节目中的改造自己的家一样，我曾经相信只要我调整一些软装就能在教学上收获重大回报。然而，仍旧以房子打比方，我发现有必要将我的课堂推倒重建。就像建筑工人说的，把一幢房子拆到地基的时候，就要重新审视、重新构想和重新建设一切。

这实际操作起来很难。我们热爱教育中的"技能与诀窍"，喜欢将富有挑战性的认知、情感和精神劳动缩减为几个简单、快速的方法，这些方法还可以继续简化，拿来给同行使用，尤其是在备考的时候。作为一名教师，没有比同行说"我真的好喜欢你的课，教教我，我也想试试"更中听的了。当我的一位同事说要像我一样提问孩子的时候，我回到了解决问题的老一套，把整堂课的细节都告诉了她，但我忘了告诉她，也没有反思，我到底花了多长时间才建立起了这样提问所需的环境以及师生间的信任和尊重。

如果仅仅把这种教育归结为一种机制，对她而言，这种授课方式就是灾难。时隔多年，我仍希望自己能收回这一课。同事信了我的话，以自己的问题为例，然后和学生分享了一个非常私人的故事。第二天，她哭着来找我：

"我照你说的做了，结果太糟糕了，"她说，"我跟他们说自己得了癌症，大多数学生根本没在听，有的甚至还在那里笑。"

就在那时，我觉得自己就是世界上最大的混蛋，我让一个善良的人承受了她本不该承受的痛苦，原因就在于我没有考虑到课堂气氛有多重要。

"我再也不会做那样的事了，"她哭着说，"他们不值得，从现在开始，他们只会从我这里得到试题和课本，我早该知道他们不值得信任。"

据我了解，她的学生就是大多数人熟悉的英语课上的高中生。她在教室前面的墙上贴了一张班级规章制度的海报，对学生的行为期望很高。她告诉学生怎样写作——用散文的形式，重点是语法和结构；告诉学生要读些什么——公认的经典作品；要谈论些什么——教科书上预设的问题。因此，当她突然改变课堂性质，变得异常感性时，学生们一下子难以承受。

她通常上课的方式没什么问题，我所有的老师，包括大学里的英语教授，都是这么上课的。我并不认为教授语法、力学或古典文学有错，但是，我认为我们不应该只有寻找正确答案或照本宣科的课堂。正如帕克·帕尔默所说的，在真正的老师到来之前，我们一直在使用技巧。

教书是我尝试过的最艰难的工作，我当然需要参考所有成功的模式。然而，我教学中最棒的部分，帮助我成长，更重要的是帮助我的学生成长为思考者和创造者的部分，恰恰是我成为一个"真正的老师"的时候所做的。当我不再固守自己的学习模式、当我提出自己的质疑、当我对已有的模式感到不确定时，我内心的声音教我用人性来实施教导。从认识我们是谁开始，与我们面前的人建立联系，这种状态将教学从教授一系列离散的技能提升到只有人类才能驾驭的领域。它要求我们不设防，富有同理心，真诚而勇敢。

我们的教学应该来自教师最深层次的自我，并让学生最深层次的自我参与进来，这一切必须建立在尊重班里每个人的基础之上。要营造这种氛围并不难，从一个简单的微笑就可以开始。

一项研究结果显示，关注彼此的相似之处而不是差异，能帮人建立更好的人际关系。哈佛大学的学者在九年级师生身上进行了一项干预试验，该试验建立在发现师生间5个相似点的基础之上。结果表明，不仅师生间的关系改善了，而且"这所学校的成绩差距（似乎）缩小了60%以上"。

在苏格拉底的时代，尊重与美德同名。苏格拉底在演说中将知识和美德并举，他认为如果你可以传授知识，你也应传授美德。苏格拉底还认为，知识是培养道德和鼓励积极行为的一种方法。他说，幸福源于对正确行为的发扬。具体而言，对教师来说，要做的就是帮助每个人学会尊重他人。关于这一点，这一章中我会详细解释。

◎ 赋予特权——尊重的另一种形式

尊重的最基本形式是关注马斯洛的需求层次（Maslow's hierarchy of needs），这在教学上同样适用。我的同事詹姆斯·福特（James Ford）曾说："马斯洛把布卢姆（的理论）当做午餐（而不是早餐）。"因此，花时间建立安全感和归属感是关键，"学生们带着这么多不同的需求走进教室，在他们开始真正的学习之前，必须建好一个基础"。

马斯洛的理论在教育界广为人知，但我们常常忘了它建立在物质需求之上。学生需要休息、喝水、运动和安全感，需要保持心理健康，当我们满足了这些需求时，也表明了我们看到并尊重学生的深层含义。对我来说，这是课前的门口谈话可以解决的事情。学生可以私下告诉我他们需要见护士或心理咨询师。

比如要弄明白有多少女孩因为贫困而缺少女性卫生用品令人犯难。通过了解学生去找校护士和运动训练师的频次——在那两个地方，她们能够安全获得那些用品——我才弄清楚。没有一个女孩会乐意告诉你这些。但如果有女生在学校上课期间碰上生理期或者卫生用品突然不够用了，一定会非常焦虑。正因为如此，我把自己房间的通行证挂在门外的挂钩上，允许学生们随时进入，在开学第一天我就把以下3个准则告诉了他们：

1. 上课时，一次一个学生，可随时使用。

2. 尽可能不要打扰上课，安静地离开教室。

3. 快速归还通行证，尽可能不要打扰上课。

这些基本准则也适用于其他类似的情况，例如，看心理咨询师，喝水或上厕所。后来，随着手机的普及，学生们也会按照这些准则走出教室去大厅或者浴室打电话或发短信。

作为一名教师，我做过的所有事情中，这件事是最受学生欢迎的，也是最不被同事和行政管理人员理解的。然而，在15年的教书生涯中，我教过的数千名学生中，没有一个人滥用过这种特权，包括初中生。我的很多学生要照顾家里的弟弟妹妹，送他们上学或在放学后帮未下班的父母照顾他们。年龄较大的学生常常要自己决定做什么工作，决定是否考驾照等，他们会在参加田径、后备军官训练队、乐队和戏剧等课外活动时锻炼自己的决断力。但出于某种原因，学校生活反而会让他们变得被动，变得不那么独立。

在课堂上，因为有了基本准则，我没有因为学生举手询问是否可以去洗手间、医务室或心理咨询室而耽误过学习时间。相反，学生们因为自己的需求得到了满足，在学习时变得更加专注。最重要的是，学生会履行自己的责任。如果我们不给学生机会培养责任感，只是哀叹他们"缺乏责任感"又有何用？特权实践让学生们懂得了自我管理，学会了承担责任和信任他人。

◎ 做出选择的特权

一旦这些基本需求得到满足，下一步就是满足学生对于被接纳、成为团队成员、保持独立、拥有地位和掌控自我的需求。幸运的是，无论是满足需求还是借此创造信任和善意的氛围，都不是难事。

与我们想教给他们的任何知识或技能相比，允许学生自主选择，选择退出、休息、欢笑、行动，对他们的发展而言，都一样重要。学生对自己的生理需求负责的结果让我坚信，他们也会对自己的情感需求承担更多的责任。不参与也是一种选择，尤其当他们感到愤怒、心碎或焦虑时。

这些情绪对学生影响强烈，一旦触发，持续时间很长。即便中途有好事发生，也很难再让学生集中注意力。一项关于专注力的研究发现，成年人平均需要23分15秒来重置情绪，我们的学生又需要多久呢？

课前在教室门口找我谈话，要求不上这节课的学生，我知道他们是认真的。我允许有些学生退出，因为很显然，他们需要从泪水、怒火或者其他的痛苦中找到一个出口。大部分孩子15分钟内就能把自己调整好，重回教室。通常，我会建议他们把发生的事情写下来，这会加速恢复。在做出打架这种冲动的行为之前，中学生需要掌握情绪管理的技巧。

很多孩子最需要的就是请他们写下正在发生的事情。这是私密的写作，除非他们愿意和我分享，我才会去阅读他们的文字。教书的头一年，在我们中学举办的"家长之夜"活动上，有位家长要求看她儿子的日记，我天真地答应了。孩子把写有私密内容的那页折了起来，当我看到这个男孩的脸因为恐慌而抽搐时，他的妈妈已经打开日记大声读了起来。太迟了，我才明白发生了什么，我以需要评分为由要求这位母亲把日记给我，她不理我，继续读。孩子的眼里涌出泪水，教室里其他家长不安地挪动着身子。

"求你了，"我恳求道，"把他的日记给我。"

她一脸蛮横。

"哦，你想让我把这个给你？"她把这张纸从笔记本中撕下来，"你还写了什么狗屁！"

这时我已经拿到了笔记本，但这已经无关紧要了。破坏已经造成，孩子很绝望，妈妈胜利了。我的心里混杂着恶心和愧疚。

学生的信任正是建立在这种时刻，而我由于考虑不周，失去了这个孩子的信任。那年余下的时间里，他再也没有给我写过什么。因此，我和学生们共同制定了关于他们私人写作的隐私原则：

1. 如果你写日记，我不打分，但会阅读。

2. 请悉知其他人可能会阅读你的日记，比如家长或管理人员。

3. 如果你在日记里提到你受到了伤害，你伤害了别人，或者你想伤害自己，依照法律我要报告。

4. 如果你要写的东西太隐私不想被别人阅读，请写在别的日记本里。

这些原则旨在保护学生的隐私，和学生之间建立信任，促进学生进行写作练习，并帮我了解学生遭遇到的一些严重问题。每年，至少会有一个学生承认自己受到了性虐待或者有自杀的想法。

◎ 提出想法和做出决定的特权

我们选择读什么、听什么和写什么是为了实现两个目的：（1）令学生能够批判性地思考和看待周围媒体传播的信息；（2）帮我们及时发现学生的兴趣点或他们认为重要的事。在进行写作研讨期间，学生可以展示从写作问题相关的文本材料中获得的知识和启发。所选择的文本应可以在2–3分钟之内被朗读、阅读或倾听；文本应能够引人深思，有助于我们更加深刻地看待这个世界。

从我的学生那里，我看到了从诸如《辐射》（*Fallout*）系列和《生化奇兵》（*BioShock*）一类的电子游戏中获得的哲思和学习到的文学典故，看到了世界各地歌曲的歌词翻译，甚至学到了如何将专业摔跤视频当作写作的线索。每周五，我们会分享音乐。早先时候学生会带CD，随着科技的进步，现在学生会在手机上连上扬声器为班级分享自己专门制作的音乐。

每年，学生用他们自己的艺术作品装扮教室。在4年教书生涯里，我不再去教师商店购买用于鼓舞士气的海报，而是让学生们自己装饰教室。这一做法传遍了整栋教学楼。一名同事每年都会用黑纸覆盖整个黑板，这样那些少年艺术家就可以用五颜六色的粉笔创作壁画。这些专题作品极具特色，都是博物馆收藏级的，比如画有马丁·路德·金（Martin Luther King）的巨幅海报，旁边还写上了他的名言。

暑假阅读作业要求学生根据自己的阅读情况撰写一份个人阅读任务报告。开学第一周，他们交了上来，原本空荡荡的教室墙壁上因此挂满了拼贴画、素描和油画作品，他们用这些作品来阐释各种语录、歌词和谚语。

那么，对学生而言，最好的选择是复习功课以获得高分，还是独立学习以获得额外的学分呢？尽管研究心智与毅力的学者已经强调了后者的重要性，我仍需采取实际行动，让学生们明白：读得越多、写得越多，得到的也越多。但我不希望这是一个为了拿学分而进行的枯燥无味的练习，不愿意强迫他们练习。但如果学生愿意不断地修改自己写作的文章，主动完成简短的反思报告，反思自己在写作过程中学到了什么，我也愿意不断批改，并相应地提高他们的分数，只要他们能在评分期的最后一周之前交上来。

方案 3.1 用大问题训练学生的批判性思维

想要得到70或70以上分数的学生可以试试以下几个任务：

★ 收看TED演讲视频，写一篇两页长的反馈，说明你选择这个视频的原因、观看这个节目得到的收获、它如何加深你对这一主题的理解、你如何将它与其他学习内容产生关联、它让你联想到什么问题等。

★ 或者在收听完《美国生活》（This American Life）、《广播实验室》（Radiolab）、《潜力大脑》（Hidden Brain）等节目后写一篇同样的反馈。

★ 阅读《纽约时报》学习网（New York Times Learning Network）中的文章，并回答文后的5个问题。

★ 基于以上提到的材料或选择一个你可以在奥斯卡官网上找到

的奥斯卡提名的纪录短片，向我们做一个PechaKucha[①]展示

（可以登录www.pechakucha.org了解更多信息）。

★ 完成这项任务的过程中拍一张自拍照。

完成任务后，根据学生和我的时间安排，我们会在课前或课后做一次会谈。

会谈注意事项

★ 没有固定的问题。根据你（学生）选择的文本材料，谈话中想到什么我（老师）就会问你什么。

★ 我希望你做书面答复。

★ 我会看看你做作业的照片。

★ 我会要求看一下文本复件。

★ 通过这10分钟的非正式对话，我将验证你是否用心完成了作业。

如果你完成了额外的学分作业并通过了会谈，你将得到70或70以上的分数，这个得分可以替代你的最低得分（计时写作除外）。分数将根据你的努力程度而定。如果你在会谈中弄虚作假，试图蒙混过关，得分为0。额外的得分也会计入期末考试以外的测试成绩。

每个学期最多可以申请3次额外学分。

适当调整

任务选择范围可适当调整，例如低年级学生也可以选择《摇滚校园》

---

① PechaKucha（来自日语"ぺちゃくちゃ"，意思是"闲聊、喋喋不休的聊"）是全球性的非营利的创意论坛组织，PechaKucha的演讲形式要求演讲者用20页幻灯片向听众分享自己的创意观点，每页幻灯片展示的时间为20秒。

（*Schoolhouse Rock!*）这一类的节目。

◎ 与人合作与独立完成的特权

像柏拉图（Plato）这样严肃的思想家，也相信玩耍是生活的重要组成部分。玩耍在课堂上很少能为真正的学术学习服务，但它可以促进建立在问题基础上的学习活动。玩耍不仅能帮助学生练习发散思维和聚合思维，以激发他们的创造力和创新精神，还会增强他们学习的信心，改变他们对所学主题或内容的看法。

老师可以让学生同小组成员合作，共同应对一项开放式的挑战。这一活动的目的在于预习老师即将讲授的技能或内容。在10分钟内，小组成员要互相配合，通力合作，试着想出低风险的解决方案。譬如，当我想给学生介绍说明文写作但又不想用乏味的术语时，我会给学生们出一个题目，让他们通过团队合作回答这个问题。完成挑战后，我要求他们用说明性的语言或描述性的语言以及示例将他们的经历写下来。这是中国上海的老师请我帮忙设计一些激发学生创造性思维的课程时，我给他们做的一堂示范课。这个活动极大地帮助了学生练习说明文写作。

设置问题很容易，但要用创造性的方法解决问题就没那么容易了，比如，如何用一枚回形针、一根橡皮筋或一本卷起来的杂志中的任意一种工具把乒乓球推到最远处。虽然克里斯是班里的新生，身体也不好，但他的办法是我见过的最有创造性的。他说服团队选择了回形针，把它弯折成了蛋勺的形状，他用这个蛋勺顶着乒乓球在大厅里走了个来回。从没有人想过用这种办法来解决距离问题。

克丽丝·柏德萨（Kris Bordessa）称这种困境为"微任务"，她的

研究启发我将之应用到课堂中去。

方案 3.2 凝聚小团队的微任务

建议

★ 从你能想到的最简单、风险最低的活动开始。

★ 为活动设定一个目标。例如，从该活动中探究学生在团队活动中的行动或者为下次更好地开展团队合作活动积累经验。之后，你就可以把此类活动与课程内容联系起来，或用此类活动为课文学习或课堂讨论做铺垫。

★ 提前与其他同事一起测试一下活动的有效性。

条件

★ 活动中应有运动的机会以及与同伴互动的机会

★ 没有"正确"答案

★ 鼓励探索、创造力和团队协作

★ 每组4-5人（从1到4或5报数，数字相同的分为一组，这样每组都有成绩高中低的学生）

不同的微任务

1. 从以下3个中任选一个：

★ 造最长的桥梁

★ 把乒乓球推到大厅最远处

★ 搭最高的建筑

2. 共同完成身体相关的团队挑战（可以在网上搜索相关的游戏规则）。

3. 为生存困境一类的游戏提供创造性的解决方案（可以在网上搜索

相关的游戏规则）。

4. 要求团队用不同的素材完成同一个目标（例如制作一些有用的东西）。

5. 一起解谜或一起玩侦探游戏。

6. 探讨关于提问的新观点和新想法。例如讨论如何以提问的方式开启谈话。通过搜索"即兴演讲"或"如何在谈话中提问"等，你可以找到数百个相关的例子。

★ 更多建议请参考我的品趣网站：www.pinterest.com/shannapeeples。

★ 类似活动的演示请搜索我在Youtube上标题为"微任务（Tiny Tasks）"的播放列表。

材料

★ 办公用品或者堆放在教室或校园储物区的物品：回形针、橡皮筋、透明胶片盒、索引卡、杂志——这些我都用过。

★ 家里的闲置物：棉花糖、牙签、生的意大利面、硬纸管、便宜的玩具球或折扣商店里买的乒乓球。

★ 每组一把剪刀，使用剪刀也可以作为解决问题的一种方法。

★ 计时器。

★ 可选：给获胜者的小奖品，比如吃儿童快餐赠送的或从一元小店收集来的小摆件。

意义

所有的问题都有解决办法，但有时候你自己就是想不到，这就是为什么我们需要彼此帮助。三个臭皮匠胜过诸葛亮。一起开动脑筋解决问题，这种练习将有助于学生学会如何沟通，如何合作，如何用不同的方式思考。这些技能在学生学习其他科目时甚至在学校之外都能派上用场。这种练习也很有趣，会帮助学生了解和信任彼此。

步骤

我会给学生们布置一个题目，请他们在3样道具中选择一样来解决问题。学生们会被分成小组，任务有时间规定，他们要思考如何合理安排时间。时间对每个小组都是公平的。学生的任务是以团队之力迅速找到问题的解决办法。

* **5分钟**——设置计时器，小组选择材料，思考，计划，针对选项展开讨论。

* **5分钟**——重置计时器，小组有5分钟的时间来构建方案、猜谜或破案。

* **5分钟**——选择获胜小组并给予奖励，总结活动。

* **2分钟**——把该活动与课程、课文或讨论联系起来。

扩展活动

请学生练习以下内容：

* **说明性写作**——描述他们如何解决问题，或者如何获胜。

* **反思性写作**——写出他们认为他们的做法之中哪些有效、哪些无效，以及他们本该做什么。

* **说服性写作**——讨论学生应该或不应该进行团队建设练习的原因。

* **叙事性写作**——受活动启发创作一个故事。

◎ 开展写作小组——促进学生自主探究

我想要让更多的人来阅读学生的作品，于是写作分享会应运而生。它开始于咖啡馆分享会，在那里，学生为同龄人、老师和家人朗读自己最钟爱的一篇习作。这项活动不仅让学生体验了公开演讲带来的满足感，也锻炼了他们的听说能力。而且，所有参与的人都乐在其中。春秋两个学期期末，我们都会在像学校对面的教堂这样的公共场所中举办这样的活动，并邀请学生的家庭成员和其他学生生活中的重要人物参加。我提供咖啡和热巧克力，本市的甜甜圈连锁店给我们提供甜甜圈。后来，学生也带了食物来，这肯定违反了某些规则，但好在我们从来没有因此生病或惹上麻烦。有时候教堂有其他活动，我们就在我的房间里举办分享会，有时甚至会持续两天。尽管这只是一个聚会，学生们的反响却很热烈，一年两次似乎不够。因此写作小组就自然而然地产生了。我因为曾经参与过作家小组，所以在写作小组中担任评论员和编辑。

在我执教中学期间，我从另外一个教师那里买到了一些便宜的地毯、旧豆袋和靠垫。我们把课桌挪到教室后面，放下地毯和靠垫，学生分小组围坐。我立刻发现，当学生们从课桌中解放出来之后，他们便不再烦躁不安。围坐在地上的新奇感让他们集中注意力。在教高中补习班的头一年，我一直这么做。一开始我将学生随机分组，后来发现这是一个错误，因为这样总是会把好斗的学生分进同一组里。从我的导师伊莱恩·拉芙琳（Elaine Loughlin）那里，我学会了让学生填写卡片，说明他们愿意与谁一组，不愿意和谁一组。尽管这在一开始会占用一点时间，但为后面的课堂节省了大把时间。

因为学生们反响热烈，写作小组的聚会变成了一周一次，有时在校内举办，有时在校外举办。由于很多学生报了体育或其他课外活动，不能参加写作小组聚会，他们就借助手机应用参与聚会。

在给他们布置最难的写作任务——说明文时，我发现循序渐进地教导他们是有帮助的。图3.1可以说明这个过程。

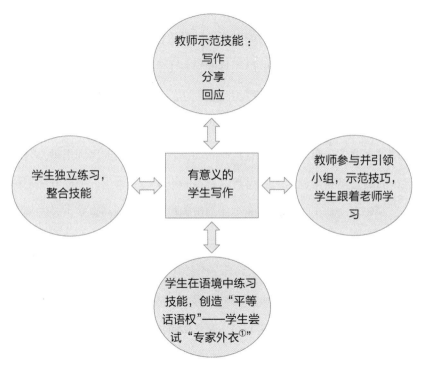

图3.1 循序渐进的写作过程

我的朋友、写作老师史蒂夫·皮哈（Steve Peha）认为"在花时间阅读还是写作中二选一的话，那就选写作。写作不但要求你掌握阅读技

---

① 专家外衣（mantle of the expert）是指以专业人士的身份进行角色扮演活动，通过专业人士的服装等，引导学生进入角色。运用角色应有的专业知识和技能来发掘问题、解决困难、完成任务。

巧，还需要具备数学逻辑思维。"

写作小组的3项议程安排：

★ 老师示范一项具体技能

★ 学生进行写作

★ 学生通过和教师一对一会谈或者小组讨论得到反馈

学习如何思考意味着学习如何控制思考的方式和内容，意味着有意识地选择你所关注的事物，并选择如何从经验中构建意义。

——大卫·福斯特·华莱士

（David Foster Wallace）

老师要示范如何在小组中朗读和回应，例如，怎么大声朗读确保其他学生能够听清，或者在别人朗读习作时怎么做个好听众（见图3.2）。

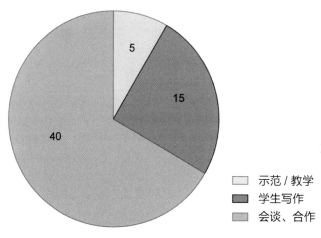

常规课时情况下每部分的时间分配

5

15

40

示范／教学

学生写作

会谈、合作

图3.2 写作小组的议程安排

方案 3.3 如何创建写作小组和组织小组会议

材料

★ 按照方案1.1收集学生的真实问题，根据学生的反馈制作的问题卡片（每个写作小组至少3个）。

★ 一个可以加页或螺旋夹式样的写作笔记本（以便让学生以认真负责的态度对待写作），用以练习写作技巧，记录思想、感受和灵感，等等。

★ 教室里备一个写作文件夹。

★ 你自己会用的笔记本，即使每天只会用10分钟。

根据学生意愿，4人到5人形成一个小组。你可以增加组员，但人数少会有助于控制课堂时间。请学生列3个愿意合作的人，以及完全无法合作的同学名字，这样你就可以避免把他们分在一个小组中。

时间

大约30分钟。

介绍

写作小组有助于提高你的写作水平，会让你的作品拥有真正的读者。每个作者都需要他人指出他们写作中有效的部分以及需要加强的部分，因为作者本人很难做出客观的判断。写作小组是你成为作家以及他人作品读者的好机会。分享自己的作品可能让人紧张，因此让彼此感到舒适很重要，这也是你为什么要和小组成员相处6周之久的原因。身兼读者和反馈者，你将和组员一起提高写作能力。我会给你们一些卡片，上面有其他同学提出的问题，每个小组从中选择一个最想写的题目。

目标

以写作小组的形式开会的原因包括：

1. 大声朗读可以帮助我们更好地发现错误和修改错误，也让我们知道我们所认为有趣的部分是否真正有趣。

2. 小组合作帮助我们学会互相信任并坦诚面对彼此的作品，这有助于我们提高写作技能，也有助于我们成为朋友。

3. 倾听别人的作品有助于我们培养对彼此的同理心，有句老话说得对：你遇到的每个人都在处理你可能永远猜不到的难题。

4. 和一群小作者为伍，可以帮你在写作和沟通上建立信心。

步骤

和你的小组成员一起到教室的不同角落。随身携带好笔记本、圆珠笔或铅笔。选择一个人引导讨论（最简单的方法就是选择生日离今天最近的学生）。选择一个人做监督，确保小组中的每个人都能按时完成任务。领导者朗读卡片，小组投票决定最想写的话题。

★ **9分钟**——朗读说明和指引。

★ **3分钟**——小组成员集中起来选出领导者和监督者。

★ **3分钟**——领导者朗读卡片，确保每个人都理解问题。监督者确保每个人在3分钟内完成任务。领导者就每个问题统计意愿，也可能需要投票决定胜负。

★ **5分钟**——领导者征询每个组员关于应如何写作该话题的意见（例如，用不同的方法把你正在学习或思考的事情，或发生在你身上的事情联系起来）。

★ **10分钟**——讨论过后，开始安静地写作。你可以选择待在这个小组，也可以选择移到其他让你觉得能集中精神的地方。

学生可以用这个步骤练习任何你教过的写作技能、体裁或修辞方式。你可以和在学习过程中有困难的小组坐在一起，也可以和每个学生都进行沟通和交流。

拓展

★ 写作小组也可以变成探究小组或读书俱乐部。探究小组可以选择调查特定的问题，并得出探究的结果。读书俱乐部可以选择一本书或者一段文字，在小组内部共同阅读。学生可以通过这种小组形式的学习获得特殊的教育，因为这样的学习让每个人都专注于创造意义，而非获得标准答案。

★ 学生可以利用这些小组设定目标、进行反思、获得认可和关注。那些资优生通常需要这些额外的支持来帮助他们了解新内容，学习新材料。

组员可以以"学习伙伴"的形式见面，互惠互助，帮助彼此学习考试材料，理解阅读难点，练习语言技能。对于英语语言学习者而言，真实语境中的听说能力至关重要，这样的小组可以帮助他们学习内容，同时练习语言。

第四章

学会倾听
认真倾听可以帮助学生更好地思考

> 当我们学习过一种技艺后，我们愿意去做这种技艺，于是去做。由于这样去做，而学成了一种技艺。我们由于从事建筑而成为建筑师，我们因弹奏竖琴而成为演奏者。同样，我们因为实行公正而成为公正的人，因为实行节制和勇敢而变为节制和勇敢的人。
>
> ——亚里士多德（Aristotle）

当我们倾听的时候，能够不带偏见，不提建议，不联系自己的故事，也不高谈阔论，我们就向建立一个志同道合的社群迈出了第一步。学会倾听，正如亚里士多德所说，是我们练习得越多掌握得越好的一项技能。把所有注意力集中在一个人身上，的确是在课堂探究时最简单的建立信任环境的方法。但如果我说得太多塞满了你的脑袋，那你就很难提出自己的想法和问题。

我对这个问题的认识并非来自经典阅读，而是来自在报社担任特稿记者的经历。倾听和写作一样，是我工作中的重要工具。写出一篇有趣的报道所需要的信息来自我的提问以及随后听到的回答。特稿记者因报道犯罪、死亡、命运逆转、医学之谜等创伤性新闻而常常被称为"有色评论家"。在人们处于人生低谷的时候前去采访，懂得倾听就成了最重要的技能，它让当事人感受到了被重视。不管内容如何，这对我们每个人都一样。只有当我们确信有人在认真倾听时，才会去分享真实的东西。

从新闻编辑室来到学校教室，我似乎不再需要认真倾听。记忆中，没有一次备课涉及倾听技巧。其中一个原因，我相信是因为这么多年来大部分教师的授课模式已经固化，他们也是这么被教育出来的。作为学生，我们希望老师告知学习内容，一遍又一遍地重复知识点，让我们能够轻轻松松地过关。我的老师们都是这么做的，这也让我能够时不时地开开小差。似乎好学生就是要学会老师画的重点，然后在考试中取得高分。学生们几乎没有什么机会互相倾听。也没有人鼓励我们去倾听自己的思想或者静下心来反思自己。

然而，无论你是学生还是教师，在学习当中，有一种力量可以让我们的头脑得到解放和疏通。在这种精神的宁静当中，我们可以和自己的内心对话。这反过来让我们在教与学中，在面对自己内心深处的想法和疑问时，把心中的迷思变得清晰。

◎ 纸面上的倾听

教学的本质是满足情感、精神和认知的需求。安排反思写作，有助于我回应这些需求，也让我有了一种活在当下又积极进取的感觉。一课时一课时累积的教学量，证明了安妮·迪拉德（Annie Dillard）的观察：我们度过的日子就是我们的生活。因此，日常写作成为"捕捉日子的网"。

教师这份工作千头万绪，有时可能让你找不到自我，也可能让你丧失前行的动力。

向写作教师娜塔莉·戈德堡（Natalie Goldberg）求教的一周让我明白了10分钟写作的力量，即"洞察生活，保持理智"。正如一行禅师（Thich Nhat Hanh）的建议，在课堂上留出几分钟（来进行写作），就好像在混乱的一天中按下暂停键，可以让我在不影响学生和同事的前提下，为排解内心的感受创造一个空间。

快速写作的过程很简单，但每日坚持练习快速写作就没那么容易了。这套结构对我有效，但不知经过调试后是否同样适用于我的学生。于是我开始寻找在日常生活中培养写作习惯的方法，寻找能够帮助学生的办法。正如戈德堡教我的那样，"在纸上冥想"是一种好方法。智能手机时代让人们不得不时刻回复他人的讯息，也让人们对"错过"感到不安。在这样的时代，写作是展现自己经历的一种方式，是我们的孩子们必须掌握的一项生活技能。

不少学生告诉我，养成坚持写作的习惯让他们获益，因此我决定将之列入我的教学计划当中。当你开始思考什么时候学生需要收敛自己分散的想法，进行深度思考时，从学生在学校里的一天当中找到这些零碎的训练时间就会变得容易起来。例如，当我的学生出现在留校察看队伍中时，我通常不知道他们为什么在那里，也不知道是谁把他们送到那里去的。这时候做写作练习就会一举两得：一是让我了解发生了什么；二是让学生进行写作练习，表达他们的真实想法。我要求他们在作业中用上以下几个固定句式：

★ 我现在的感受是……

★ 我讨厌/我喜欢……

★ 我希望人们理解……

★ 我想知道……

我要求他们以上每一点都分别写在一页纸上，因为我希望每个学生能够用至少一页纸的篇幅来描述他们的想法或情感。脸上写满失意的学生通常会做10分钟的写作练习，让大脑放下戒备。有时候他们会和我分享，但大多数时候，他们会发现在纸上写下来就像被人倾听了一样，会让他们倍感安慰。他们一旦做了这项练习就很容易平复下来，重归教室。有些学生在找到合适的词语前需要画下来，而画画其实也是一种预写作的方式。

对于我和我的许多学生而言，你越会在纸上倾听自己，就越会在日常生活中倾听他人。这在倾听遇到威胁时效果尤其明显，比如当你面对他人的愤怒或者受到家长教导的时候。

◎ 艰难对话中的倾听

与学生父母对话，尤其是不得不进行的对话，多年来困扰着我。由于我的大部分学生的家长来自不同的族裔和文化，我很担心无意中冒犯他们或者惹他们生气。我对于发生冲突的担忧让我越来越惧怕给学生家长打电话。起初，给学生家里打电话这件事让我备受折磨，因为太焦虑我会找各种借口不打电话。因此，有同事建议我先写下来，就像写电话留言即时贴那样（这已经成了我的一个习惯）。

对我来说，我很难在对待学生和家长时，采用同样积极的倾听态度。雪上加霜的是，在课堂纪律问题上，教师们得不到行政人员的支持，他们似乎被太多其他的任务压得喘不过气来。有的老师告诉我，你是否与家长会面并不重要，因为不管发生什么问题，行政人员都会同意家长的任何要求，听从他们的意见，特别是那些体育特长生的家长。这让我想起在学期开始不久的时候，某些教练要求我修改学生成绩，这样原本不及格的学生就可以继续参与训练。

因此，在学校里教师对家长的态度很难让他们满意。教师因为感觉不到支持而变得有戒心，而这又让家长心存戒备。根据我的经验，打破这个循环的是"接受"，用一种开放包容的态度去倾听。参加家长会议的时候，我携带的文件夹里有一张便利贴，上面写着：

少说话，多提问。

我在关注家长们面部表情的同时，还会关注肢体语言，以识别他们最为强烈的情感诉求。

◎ 倾听——认同的魔法

积极的、有反馈的倾听有助于学生和家长感受到被听见、被看见和被尊重。在激烈的冲突当中，或者在我们担心结果的时候，我们常常会忘记去倾听。在校园里，我们对效率有一种错觉，认为效率似乎源自很多交流中的等级观念和威权意识。表明头衔和职位或许会让我们更加自信，但这经常会阻碍讨论并让紧张局势升级。这就形成了一种防御循环，让每个人都感到了被攻击的威胁。

有一个神奇的句式可以使双方避免陷入剑拔弩张的局势：有什么需要我知道的？面对行政人员或家长，我会用更加正式的句式：您需要我明白什么？关键在于通过提问让谈话持续下去：您能再详细讲讲吗？

在你得到更多信息后，另一个关键就是尽量准确地反馈你的倾听感受，不争论，不解释，不防守。学校里紧张的日程带来的压力让我们很难心平气和地做出反馈。但这些压力其实有助于我们更高效地管理紧张情绪、冲突和其他强烈的情感。

通常，学生听到你用他们的语言会感到自己的表达被认真倾听了，这足以消除那些强烈的感受。他们会说：我听到你说……是吗？

我不同意有些人认为这种"表达感情"的练习是浪费时间，会分散学习的注意力，苏格拉底的核心能力正是善于倾听每个人的发言，从而提出好问题，让演说者说服自己接受更好的观点。这种倾听和适当回应的能力让苏格拉底深受学生爱戴，也影响着演讲论辩的参与者。

反思式倾听的要点

* 你听起来真的_____（填写你观察到的情感）。

* 我能理解你为什么感到_____（重复你听到他们说的话）。

* 请让我确认我没有听错，您说：_____（重复你听到的）。

* 那一定很_____（找一个词来验证他们诉说的经历，比如艰难、悲伤、沮丧、令人兴奋、富有挑战等）。

积极的倾听还包括投入的肢体语言，例如眼神交流和点头示意。仅仅保持安静和盯着对方可能让你走神。身体前倾能让对方放慢语速，而身体后仰则是希望对方敞开心扉的一种信号。

无论是学生对学生，老师对学生，老师对老师，还是行政人员对老师，倾听都能消除恐惧。在我看来，恐惧是发展创造力和创新思维的最大障碍。被倾听是一种深度的认同。没有一条班级规定能够像倾听那样表达尊重，因为它是人际关系的积极实践。

哲学家艾瑞克·弗洛姆（Erich Fromm）曾经说过，倾听是一种同理心的练习，让我们"有足够的力量去感受他人的经历，如同我们自己亲身经历了一样"，它让我们敞开心扉去理解他人，这是"很重要的爱的能力。理解他人意味着爱他——不是情爱，而是克服失去自我的恐惧，向他伸出双臂"。

◎ 克服障碍——成为优秀的倾听者

说到倾听技巧，学生们的认知和许多人一样。他们因为答题迅速、答案准确、举止自信而得到奖励。这就会让他们以为：所谓倾听，就是等待某人停止讲话，然后陈述自己的观点，根本不需要听别人讲了什么，也不需要试着回应他们的想法。

作为一名教师，我发现自己经常"绑架"学生，我认为这特别不好。我总是会向他们灌输某节课中我自认为重要或有趣的部分，也总喜欢漫谈一些个人轶事。更糟的是，我把许多杂乱无章的建议拼凑在一起，就像普罗尼尔斯在《哈姆雷特》（*Hamlet*）中所做的愚钝的演讲。当我意识到自己唠叨得太多了时，我又过度纠正，将对话完全交给了学生，不管我们学的是什么，一味地鼓励他们说出来。

只有当我们内心有所发觉的时候，改变才会发生。所以我把这些问题带进教室，和学生们共同寻找解决方案。

基于我作为教学教练时的观察，我制作了表4.1。它总结了有效倾听的障碍及其可能带来的不利影响。

表4.1 课堂上有效倾听的常见障碍

学生的问题	老师的问题
1. 仅准备了一个观点，等着抛出来。 2. 等待一切机会插入自己的想法。 3. 未回答原先的问题，而是利用它跳到另外一个自己更愿意讨论的主题上。 4. 每次讨论都会重复陷入自己的问题中。 5. 心不在焉，因为他们并不认为所讨论的内容有多重要。 6. 心不在焉，因为他们认为自己早就知道讨论的内容。	1. 过度专注于教学计划而忽视了学生的参与，并且没有很好地倾听学生的观点。 2. "猜猜答案是什么"成为讨论的目的，一旦有学生找到"正确"答案，讨论就戛然而止。 3. 鼓励学生想到什么说什么，结果没有人真正思考该说些什么或者去倾听他人。

里昂·特里（Lyon Terry），华盛顿州西雅图的一名四年级的教师，和他的学生们分享了他正在学习倾听这件事。"老师们一直在做的重复，并不是一件好事。因为学生知道老师会一遍遍重复并不断强调要点，这相当于告诉学生没有必要认真倾听对方说了什么。"他说，"我让孩子们监督我，让我对此负责。"

他认为倾听是一种生存技能，每个人都需要练习。他的学生每天都要练习问候和道别，重点在于互相关注，说话的时候要注视对方。他说内向的学生很难做到这一点，所以必须每天加以练习。

"我真心想说，没错，我们是在学习科学知识，但是我们真正学习的是如何与人交谈，如何与人合作，"特里说道，"有些孩子不喜欢休息。

他们喜欢待在屋里看书。我告诉他们，你们的任务是去操场上找到可以交流的伙伴，这才是你必须做的事情。而其他的孩子需要学习你们已经掌握的技能，那就是阅读。你需要提高与人相处的技巧。这两个技能同样重要。"

倾听是一项人之所以为人的练习，也是一项不会被技术所取代的技能。通过倾听，我们能学会如何看待他人，感受被人看待，并得到他人的理解。无论他们的年龄、能力水平或语言技能如何，相互倾听使得每个人都能够为我们在空间和时间上为社群发展做出贡献。玛格丽特·惠特利（Margaret Wheatley）认为，对话是建立信任的方式：

倾听协议

* 平等相待。

* 保持对彼此的好奇心。

* 理解我们需要彼此的帮助才能成为更好的倾听者。

* 放慢节奏，这样我们才有时间去思考和反馈。

* 记住，交谈是人类共同思考的自然方式。

* 情况可能会不尽如人意，请做好准备。

为什么要教授明确的倾听技巧、协议和解决冲突的方法，理由之一就在于这将从实际上节省你"监督"班级的时间。而省下来的时间则可以分配到完成学术任务上。

更为重要的是，教授这些技能并将之列入教学计划，可以让学生学会和平且富有成效地开展合作。亚拉巴马州伯明翰市的一年级教师安·玛丽·科吉尔（Ann Marie Corgill）表示："有意识地教孩子们如何与他人交谈并不是一件轻松的事。"她相信有意识地传授沟通技能可以帮学生建立起一种能力，有了这种能力，他们就可以真正地参与到写作研讨中去，互相学习。"他们一直处在一个被管控的环境中，被'开罚单'，因为'闯红灯'而受伤。我希望他们被赋予力量，自己掌管课堂，做课堂的主人。"科吉尔说。

这种力量源自互相倾听的具体方式。"我会问他们，什么是被倾听？我甚至会拍下照片，我们一起观察，观察眼神交流和肢体语言。"她说。

科吉尔与学生们进行写作会议时所做的倾听练习改变了她的工作。"我退了一步，让学生们谈。起先，他们不知道说什么，也不知道什么是会议。我就请他们聊聊最近在做的事情，谈谈我能提供什么帮助。"她说，"会议就是让他们意识到自己被真正倾听的地方。"

在纽约曼哈顿新学校任教期间，科吉尔曾经有一个二年级的班级，一共32名学生，似乎太大了，她无法有效地与他们交流。她的解决方案是让学生作为老师，利用"分享时间"来分享他们在会议中学到的东西，并向其他学生解释。例如，迈尔斯分享说，当他给科吉尔看他的画时，他发现她不明白这些画与他的写作有什么关系，所以他知道他得在画下面加上文字。然后，与同伴交谈的过程进一步巩固了迈尔斯的观点，即作者在图片下方添加文字可以方便读者理解。

她说："这是每天的保留项目，'我要听你说，然后你还要教你的同学们如何听'，大家一起提高倾听的能力。"

贾斯汀·明凯是阿肯色州斯普林戴尔市的一名二年级教师，他发明了一个名为"和平谈判"的程序，帮助年轻学生处理冲突，同时学习倾听技巧。他做了一个锚图，挂在墙上供学生使用，并向学生们示范了这个过程。在演示中，他向学生们模拟了一个实际发生过的冲突场景，在该场景中使用了这些句型：

和平谈判程序

1. 第一个学生说："当你_____时，我感到_____。下次我希望你_____。"

2. 第二个学生重复上述句型，添加内容。

3. 两人想出解决办法。

4. 两人握手。

他支持在这样的和平谈判中使用情感词汇，这样学生们就可以感知到自己和对方的感受，也支持学生们阅读像《苏菲生气了——非常非常生气》（*When Sophie Gets Angry—Really, Really Angry*）或者《黄油大战》（*The Butter Battle Book*）一类的绘本。

"令我惊讶的是，这个过程竟然都不需要我做什么。我所要做的就是问玛丽娜，'你想和迈克尔谈谈吗？'然后他们俩就和好了，"他说，"我不需要听，不需要周旋，也不需要教导。孩子们甚至不向我汇报。他们只是走到教室后面，在其他学生听不见的地方，解决他们的问题，然后回到座位上。从那以后，每年新班级开始时要做的一件事就是进行一次和平谈判。"

倾听是人类最简单的行为之一，也是最有效的治疗。听别人说，只是听。没有建议或指导，而是静静地、专注地倾听。

以下是我在职业发展研讨会上对学生和老师使用的一种倾听方法，它可以作为开始认真练习倾听的一种方法。

方案 4.1 如何练习倾听

建议

★ 在讨论前、中、后期，对于班级中练习听说的每一个人都可以使用这个方案。如果班级人数是奇数，你可以做一个学生的倾听搭档。

★ 解释需要这个方案的原因：它让我们彼此感到安全。你可以解释说它就像自行车辅助轮，帮助我们，直到我们学会骑车；或者就像保龄球道上的保险杠，让球保持在轨道上，朝着目标方向前进。

★ 告诉学生倾听是送给彼此最好的礼物之一，因为它让我们感受到被关心。

★ 倾听也是最好的生活技能之一，因为它会帮助你拥有更好的友谊、更好的婚姻，甚至成为更好的父母。为活动设定一个目标。

★ 成为一个好的倾听者有助于做任何你想做的工作。科学家兼教师比尔·奈（Bill Nye）希望我们记住，我们遇到的每一个人都知道一些我们不知道的事情。倾听是我们互相学习的方式，它让我们更加聪明。

★ 两人一组是一个练习倾听的好方法。

提示语

我更喜欢用学生提出的问题。你可以选择使用学生提出的任何问题，或者其他从班级或小组中收集到的任何问题。

★ 不上学的时候你喜欢做什么？

★ 朋友最好的地方是什么？

★ 你最擅长什么？

★ 能否从5个方面说明你很坚强？

条件

★ 学生们可以在各自喜欢的地方，如在地毯上或者移动桌椅到教室里能听到彼此声音的地方。用物理空间慢慢创造出精神空间。

★ 给学生们展示听说的范例。

★ 鼓励学生轮流听和说。

★ 一开始将学生分成2组，然后可以扩大到4组。

材料

★ 计时器

★ 你可以使用形形色色的"说话棒"——一些有助于提醒学生谁应该发言的工具。我用过在一元店买到的充气式麦克风，或者是赠送的可以挤压的"减压器"。其实任何东西都可以用来做提醒，包括纸巾管芯。

★ 决定谁先发言。你可以使用不同的方法，比如生日最接近今天的同学，宠物最多的同学，兄弟姐妹最多的同学，等等。这有助于学生了解彼此。

时间

一开始最好将时间规定为8分钟，随着学生越来越放松，可以扩展到15分钟。

介绍

每个人都值得被倾听，而且每个人都有权力说出他们心中想要说的话。听与说就像两块相邻的拼图，如果我们做得很好，它们就会完美契合，但我们需要练习。我们需要让彼此感觉安全，所以我们一致同意，在获得分享许可之前，告诉彼此的内容都是私密的。

步骤

我们将轮流练习听和说，每次2分钟。我会设置一个计时器，以确保每个人都有相同的时间来练习。听众只许听，不许打断或提问。

★ **2分钟——**设置计时器，第一位演说者根据提示语做出回答，说满2分钟。听众只听不说。

★ **2分钟——**设置计时器，第二位演说者根据提示语做出回答，说满2分钟。听众只听不说。

★ **1-2分钟——**请演说者描述被专注地倾听、不被打扰的感受。容易的是什么？困难的是什么？你喜欢什么？这对你的生活会有什么帮助？

★ **2分钟——**可选：将本次听说练习与课程、课文或讨论结合起来。

拓展

★ 用这种方法上课或帮助学生在讨论中思考话题或问题。随着学生对这个过程越来越熟悉，讨论小组可以从2人变成4人。

* 用这种方法教学生避免受到环境中干扰物的影响，比如手机。叫孩子们把手机放在桌子中间，谁第一个查看手机谁就失去讨论得分。

* 当讨论无法进行时，让学生们暂停，帮助学生处理可能产生的强烈情绪，或者帮他们思考为什么讨论会无法进行。

* 在活动或讨论后使用它，帮助学生反思他们所学到的东西，并用新知识综合起来。带孩子到户外倾听自然环境的声音，以此作为与大自然的无声"对话"。然后请他们写下从倾听周围环境中学到的东西。

* 更深层次的扩展是与同事或行政人员一起使用这种方法——请参阅本书的第四部分，了解适合成人的方案。

练习倾听也是一种负责任的实践练习，相信学生能够以一种既不挑衅也不冒犯的方式练习演说的能力，这有助于班级学术文化的形成。

当学生对讨论越来越熟悉时，你可以有选择地教他们特定的会话动作，以便让他们及时做出反馈。学术写作，简言之，就是作者与资料的一种对话形式。在写作中，作者对这些材料进行阐释、补充和提问，对它们表示赞同或反对。

大学入学考试和职业考试强调说和听，像得克萨斯州一样，其他许多州的标准也是如此。人们期待学生能够在倾听和表达时发展自己的独立能力。格拉夫（Graff）和伯肯斯坦（Birkenstein）将之精辟地总结为"他们说，我说"。表4.2列出了学术语篇中可用的讨论技巧。

表4.2 讨论技巧及相应标准

技巧	句子模板	国家及各州标准
1. 有效地挑战或尊敬地反对 2. 建立在他人观点之上或致力于"平等地发声" 3. 反应或释义 4. 例证 5. 应对有冲突的意见 6. 澄清 7. 归纳总结	1. 这个问题的另一面是……/当你说……，这让我想到……/我想挑战一下这个观点…… 2. 我想就你的观点做以下展开…… 3. 我听到你说……/听起来你像是在说…… 4. 作者/文本/问题表示……/这像是说当…… 5. 我确认一下你的意思是……/请解释你为什么认为…… 6. 我的意思是…… 7. 因此，我们是在说……/我们主要的观点是……	• 在非正式或正式场合都要积极倾听 • 运用策略强化倾听理解能力 • 理解重要的信息 • 当听众不理解时请求说明 • 讨论时围绕主题提问 • 加入他人的观点，清晰表达自己的观点 • 发言和倾听都有明确的目的 • 理解演说者语气和音调的细微变化对信息意义表达的影响 • 分析并评估演说的效果 • 在评估假设和论证的准确性时要以尊敬的态度提问 • 重视证据

　　这种学术训练活动包括记笔记，这是玛尔扎诺（Marzano）、皮克林（Pickering）和波洛克（Pollock）在元分析中发现的9种学习策略之一，具有显著提高各年级学生各学科成绩的可能性。学生记录下上面的句子模板，做这样的练习可以锻炼学生在社会生活中运用批判性思维。在方

案4.2中，我对马塞尔·普鲁斯特（Marcel Proust）的问卷进行了修改，它可以帮助学生把这些技能和提问结合起来，帮助他们互相了解，甚至帮助他们创作出可以出版发行的作品。

方案 4.2 做15分钟的名人

建议

★ 在活动前收集没有简单答案的问题，让学生思考想了解的问题，将这些问题贴在板报上，或者让学生记在笔记本上。

★ 或者，请学生撕下笔记本中的一页纸，分成4个方栏，用作问题的开场白：

有关事实的问题	有关意见的问题
例：你是家里最大的、中间的还是最小的，这有什么好处？	**例**：最好的食物是什么？为什么最好？
有关过去的问题	有关未来的问题
例：曾经让你恐惧但如今已不再恐惧的是什么？	**例**：当你高中毕业时，世界会变成什么样，你想象中的世界是什么样的？

★ 可以参考杂志把访谈的内容展示出来，《纽约时报》（*New York Times Magazine*）杂志"谈话（Talk）"专题的问答或《卫报》（*Guardian*）的"问答（The Q&A）"栏目都是好例子。我的学生借助这些例子来设想他们最终的作品，用心设计自己的专题，让它们看起来和杂志版面一样精美。

其他样本问题

（这是维多利亚时代作家马塞尔·普鲁斯特提出的问题）

你最显著的特征是什么？

你最欣赏朋友的哪一点？

你最大的缺陷是什么？

你最好的个性特征是什么？

你认为幸福是什么？

你认为不幸是什么？

如果你可以成为任何人，你想成为谁？

谁是你的英雄？

发生在你身上的最有趣的事情是什么？

如果你能学习任何东西，想学什么？为什么？

你和谁无话不谈，为何如此信任他/她？

你最好的朋友如何形容你？

要求

学生必须边听边记，并写成简报。但针对低年级或有困难的学生，你也可以将之调整为拍摄短视频或录制音频文件。帮学生创建和展示这些内容时，要与数字化学习的负责人协商，以获取帮助和批准。

材料

★ 计时器

★ 记笔记的地方，最好是笔记本，不容易丢。

★ 每个学生都应有一个合作伙伴。可以请学生排成一列纵队，然后将这一纵队从中间分开，分成两列并对齐，对应的两个学生组成一对合作伙伴。如果班级人数是奇数，老师可以和多余的一名学生组队。

时间

45分钟

说明

今天我们每一个人将做15分钟的名人。我们也会是新闻记者，请用一页纸写下每个人的特征，供人阅读，这将帮我们了解和认识彼此。

步骤

* ★ 5分钟——收集有趣的问题。
* ★ 3分钟——组队，在你们能听见彼此的地方开始进行采访。
* ★ 10分钟——设置计时器，其中一个合作伙伴先提问并做笔记。
* ★ 10分钟——重置计时器，另外一个合作伙伴提问并做笔记。
* ★ 5分钟——用样本问题提问。

拓展

学生参照杂志版面的式样设计一个自己的版面。有困难的学生和英语语言学习者可以仅提出问题并写出答案。资优生可以写出采访对象的特征。允许学生拍照或在教室外面张贴自己的作品。你也可以让学生通过包括视频和音频在内的多媒体形式，采访家庭成员、教师或其他社区成员。

让它为你所用

* 你个人获益最多的倾听经历是什么？为何如此有用？你能从那些

  经历中学到什么来帮助学生？

* 你的学生在课堂上倾听的表现如何？你为何这么认为？

* 将本章内容用在自己课堂上的时候，你做了哪些调整？效果如何？

* 下一次你想尝试什么？

* 如果课堂上每一个人都擅长倾听，那么这样的课堂看起来、听起来

  和感受起来应该是怎样的？

* 如果同事之间尝试着互相倾听，会发生什么改变？

* 如果倾听成为优先项，学校的管理者会发生什么变化？

第五章

建立信任

培养同理心、归属感和思考能力的基础实践

> 仁德而非自私深藏在每个人心中，虽然仁德经常受挫，但一次慷慨的行为可以激励更多的善举。为此我建立城邦，希望所有的朋友彼此尊重，以礼相待，直到它开花结果，成就完美的和谐。
>
> ——色诺芬（Xenophon）

每一个来到教室门口的人都会问自己一个问题：我可以信任这个老师吗？不管这个人是行政人员、家长、同事，还是学生。哲学教授卡罗琳·麦克劳德（Carolyn McLeod）认为，我们如何回答这个问题至关重要，因为信任的一个要点就是理解它可能带来有形或无形的损失，比如尊重。她认为信任和4种相互独立的行为有关：

1. 允许自己示弱；

2. 为他人着想；

3. 相信他人能够满足你的要求；

4. 对他人的动机采取宽容的态度。

麦克劳德解释，我们可以通过亚里士多德的美德观来看待信任。一个值得信赖的人，是可以将事物托付给他的人，而"他所采取的处理方式一定是得体的，既不过度也不欠缺"。

此外，勒维克（Lewicki）和维特霍夫（Wiethoff）的研究发现：信任建立在我们的以下行为之上：

1. 行为可靠，前后一致；

2. 按时完成，信守承诺；

3. 自始至终，坚持践行。

综上，这些行为暗含了一种对人表示关怀的意愿，这种意愿反过来又为我们对到访教室的人敞开心扉创造了条件。

◎ 天使、牛蛇和生日蛋糕

我的高中夜校班上学生的名字似乎都具有讽刺意味：一个因多次打架而被停学的女孩叫杜尔塞（Dulce，意为甜心）；一个在前臂上画无政府主义符号的男孩叫克里斯蒂安（Christian，意为基督徒、友善）；一个典型的"来自地狱的学生"，瞪着我对我上下打量的人叫安吉尔（Angel，意为天使），天使引诱了我，让我和他结下私人恩怨。

我认为安吉尔是我学习信任的最好的老师之一，他如果知道我这么想一定会受不了。法院命令他来上我的课，他在注册时瞪了我一眼。很多教师都会熟悉这种表情。然而，我从安吉尔这样的学生身上学到的是，他们所摆出的臭脸，不过是一个幌子。

在得克萨斯长大的我，见过不少牛蛇，它们看起来像响尾蛇，但并不危险。当受到惊吓时，它们会鼓起身子以尽量显得高大，像疯了一样发出嗞嗞声，猛击的同时向后移动。安吉尔的行为就像一条牛蛇。

多年来，我一直为这种行为感到困扰。渐渐地，在优秀的同事的帮助下，我学会了冷静，学会了借助外物来解决这一问题。在安吉尔的问题上，食物帮了我很大的忙。

最快的也是最古老的改变学生态度的方式就是提供食物，尤其是甜食。安吉尔和许多贫困的孩子一样，很少参与庆祝活动，更别提去品尝庆典上那些五颜六色、各式各样的小吃和零食了。

一天晚上，我的搭档老师从聚会上带回来一块薄片蛋糕。安吉尔的眼睛扫过起伏的白色糖霜以及散落在饱满的方糖花堆里的彩色糖珠。他眼中这丝渴望的火花转瞬即逝，如果你眨一下眼，就会错过。

我问他要不要来一块？他瞪大了眼睛，棕色眼睛里憋着怒火。他不想在我的注视下拿到这块蛋糕。对于建立信任而言，这是很小但非常重要的一点。

"好吧，如果你想要的话，它就在那儿。"说着我就走开了。回来的时候，他吃掉了一小块蛋糕。

"哦，很好，"我说，"很高兴你吃了一点儿，但你现在欠我东西，一块蛋糕换一页纸的作文。"

"我什么也没写。"他傻笑着说。

为了让自己不生气，为了找到这个外表高大且粗鲁的青少年内心中藏着的那个孩子，我用了另外一种糖霜：甜言蜜语。我称这些惹人生气的学生为"甜心宝贝"，这也是得克萨斯的传统。这样亲昵的称呼方式让我显得很温柔，也提醒着我：从你并不了解的人身上学东西，你必须适当示弱。这样确确实实会让倾听者放下戒备，这一点，得州女人早就知道。

"甜心宝贝，那就不写了，告诉我为什么教官让你到这儿来？"

他吹起了口哨，展示他是一个多么坏的"宝贝"。当他张嘴说话的时候，牙齿上沾满了蓝色的糖霜。

"安吉尔，你既然能告诉我这些，为什么不把它们写下来呢？我想把你写的东西给我班上的一个学生看看，他说我让他读的文章又傻又假，他一定会爱上你的故事。你要笔记本电脑、纸还是铅笔？"

他被这个问题震住了。"笔记本电脑吧。"他的脸上分明显示出被自己的回答吓了一跳。电脑启动了，我在一张纸上画了几个提示，告诉他开篇的框架怎么写，就走开了。

旁观一个内心还在挣扎的孩子开始真正的创作，就像观察一只着陆的蜻蜓，你最好远观，否则就会把它吓跑。

课程结束时，我回到他身边，他几乎写了整整一页！

"你是个作家，安吉尔，我就知道。"

他的脸上开始浮现微笑。

"小菜一碟。"他把电脑屏幕朝向我。

虽然文章里面满是拼写错误和无法理解的句子，但我知道建立课堂信任的第一步是认识每个学生的学习程度，祝贺他们拥有现有的能力，并让他们知道自己可以取得成功。

"你就是故事大王。"我告诉他。他笑了。

那个微笑意味着，在这个瞬间，他相信自己可以。

那个微笑意味着，他为自己而骄傲。他相信自己是重要的。他的文字有意义，他自己有价值。

◎ 信任始于安全感

帕克·帕尔默对我思考在教育中示弱的必要性产生了很大的影响。他与我分享了如何从一开始营造信任的氛围，而这种氛围恰恰是教育改革的精髓所在。他建议我先问自己一个问题：是什么让教育变得岌岌可危？

"如果你思考让教育变得岌岌可危的原因，你一定会找到很多线索。"他说道，"原因之一就是在教育中我们过于关注寻找正确答案。所以，如果我们想要拥有一个自省的安全空间，我们必须关注那些没有标准答案的问题和议题。如果我们能为那些与所谓的'正确答案'无关的东西创造哪怕一点点空间，这对教育也意义重大。"

在学校里，我们会无意中做出那些让学生感到局促不安的判断。帕尔默说，这导致学生们学会保持安静，只给出"正确"的答案，而不是为了学习去冒险。这最终导致他们的声音和想法被边缘化。

对我而言，这是工作的基石。如果我们没有在班级里创造信任、安全感和尊重，那么在学校里还有什么别的更重要的事呢？与过去相比，学生要解决的问题越来越多。所以让他们知道，当走进教室的那一刻，他们从身体、情感到智力，都是安全的，这至关重要。这也意味着在学校的学习和交流要涉及这些方面。

安全感需要刻意培养，这是我们作为老师在学校里要做的最具挑战性的事情。如果我们不信任对方，把双方的关系视作交换关系——我要如何对待你才能得到我想要的，我们就会对自己所做的事情缺乏信心，因为我们害怕会受到审判或惩罚。这种恐惧使包括教师、管理人员、学相信胁迫一个人可以教会他尊重，其实是混淆了尊重和服从。

——拉里·布兰朵和尼古拉斯·隆
（Larry Brendtro & Nicholas Long），
《挽救儿童和青少年》
（*Reclaiming Children and Youth*）

生和家长在内的许多人彼此孤立，让建立在互相理解基础之上的信任变得愈发难以维系。

然而，我们不能将在教育中适当示弱与无法建立师生间的界限混为一谈。事实上，只有当老师建立了自己的界限，树立了自己的威严，他/她才能真正走进学生的内心。

你可以从在课堂上讨论有关信任的话题开始，邀请学生思考有关社群的问题：你曾经是某个团体的一员吗？在学校内外，你是否感觉自己是某个团体的一员？社群对你来说意味着什么？

邀请学生和我一起决定教室装饰的内容，决定在教室中装饰哪些鼓舞人心的格言、诗歌、表格和图片，这就是一个成功的、可持续的实践。开学第一天，墙上一片空白，我希望每一个贴上去的内容都经过精心策划。第一幅张贴的海报是我们共同讨论的结果——一份关于如何创造一个安全空间的协议，内容如下：

安全空间基本协议

情感安全——在这个教室里，不能对任何人使用冒犯或侮辱性的词语。

身体安全——尊重你周围的人，不要侵犯他们的身体。尊重你自己的需求，进出过道门时保持安静。

理智安全——尊重他人的观点，三人行必有我师。你可以自由地阅读、写作和谈论你的困惑、问题和见解。

精神安全——尊重你周围人的信仰，也尊重没有信仰的人。世界上所有的宗教都有一个共同的原则：像自己希望被对待的那样对待他人。每个人都有权拥有完整的内心和灵魂。

学生们并不能做所有的决定，但我在创造信任的条件和积极的环境上花的时间越多，在那年剩下的日子里，我遇到的麻烦就越少。抓住了学生的内心的同时，也放飞了他们自由探索的思想。

"柏拉图甚至说哲学是关于恋爱的。我认为他是对的。你必须爱上你的学生，也让你的学生爱上你。"雪伦·凯（Sharon Kaye）是约翰卡罗尔大学的哲学教授，她通过创新课程帮助儿童和青少年理解哲学。

"如果你总是一副一本正经的样子，学生不可能会爱上你，"她说道，"在课堂上做自己需要很强的信任感，有时你会被拒绝所伤。但当你们之间真正建立起了信任时，奇迹就会发生，因为最终你们并非真的爱上彼此，而是爱上了你们共同创造的美好理念。"

◎ 如何化原则为具体行动

蕾切尔·克斯勒（Rachel Kessler）将培养信任的第一步称为"教学临场感"。这要求教师对任何正在发生的事情持完全开放态度——选择回应现场的需求，而不是对过往加压或对未来担忧。

许多读者会认识到这是正念的基础，是帮助你解决教学中的难题的原则。当有错误发生而你试图纠正它时，临场感会赋予你灵活性和创造力。立足当下允许我们就事论事，解决问题，克服困难，譬如特别困难的午饭后的那节课、昏昏欲睡的第一节课或者心神涣散的最后一节课。当我们呼吁诚实和谦逊，承认错误，质疑课程的目标是否比当下发生的事情更重要时，我们会更容易受到教育。

尽管听起来很简单，但信任始于发自内心的微笑。海蒂（Hattie）和耶茨（Yates）在他们的书中花了整整一章来研究微笑，发现你的微笑可以"邀请学生分享他们对世界的看法，你这样做之后学生也会模仿你……"他们解释说，当我们对学生微笑时，他们几乎总是报以微笑。我们的脸会因此产生反应，根据他们引用的研究，这"表明老师对学生的喜爱与学生是否表现出积极的微笑有关"。

对我而言，微笑让我在任何情况下都保持积极，让我更倾向于向任何走进教室的人表示友好。我也更愿意看到学生做对了什么，而不是做错了什么。寻找学生的优点，并以此鼓励和激发他们，这是我在教授贫困儿童时最有效的策略。尽可能多地了解他们有助于我发现他们的优点。

开学第一天，我给班里每个学生都发了一张问卷。

开学第一天作业

你想让我怎么称呼你？

_____

当我有关于你的好消息时，你想让我给谁打电话？请写下他们的名字：

_____

你（在校内）最擅长什么？

_____

你（在校外）最擅长什么？

_____

你最近看的最喜欢的电影是什么？你为什么喜欢它？

_____

如果你可以学习任何东西，你更想学习什么？

_____

上学对你来说最容易的是什么？

_____

上学对你来说最难的是什么？

_____

你的朋友如何评价你？

_____

你希望我了解你的什么？

_____

你觉得分组学习怎么样？

_____

当我们分组时，你想和谁分在一组？

_____

当我们分组学习时，你觉得你会给谁惹麻烦，或者谁会给你惹麻烦？

_____

你有什么问题要问我？我会在另一张纸上回答你。

_____

针对高年级学生

请与我分享你的时间表，让我了解你的一天，例如，

起床时间：

上学前的家庭责任：

通常到达学校的时间：

放学后的家庭责任：

睡觉时间：

放学后通常做什么？

周末通常做什么？

你也可以让学生用谷歌表格回答这些问题，把他们的答案汇编成一份报告，用它来帮助你了解每个学生的偏好。

◎ **合理使用问卷信息——关注学生的发展**

　　为每个学生建立档案，档案中的信息包括作业样本，会议记录，与学生有关的来自学生自己、家长或校方工作人员的信件。

　　最初几周，和学生分享正能量的信息，确保学生从你这里听到的前几件事是正面积极的。

根据不同的目的，你可以决定如何使用这些信息。有些老师根据学生的答案来统计班级的变化趋势，或者通过有深度的问题调查学生在不同学科的学习经历。因为我需要了解他们对阅读的态度，所以我问卷里的问题包括他们家里有多少书，他们是否认为书是一件好礼物，等等。

教中学期间，我将学生的自我优势报告制作成了班级的"专家名录"，如果有谁需要帮助或者想更多地了解某一个主题，就可以去找班里的"专家"。这份名录成为十分有用的参考。

这些答案也帮助我向学生们推荐书籍，帮助我选择合适的阅读文本、写作主题和会议主题。虽然时间花得多些，但在分组时把学生与自己喜欢的人分在一起，可以减少冲突，增进合作。在那年后来的时间里，调整小组变得很容易，因为学生彼此间相处得很融洽。认真对待学生的个人喜好，对建立信任和维系良好的关系大有裨益。

教高中期间，学生关于困难的自我报告指导我帮他们组建学习小组或配对学习伙伴。此外，我通过学生的时间表寻找问题点，提高他们的执行能力。

每年，总有一些学生向我提问并写信给我。很多学生会问：你是个好人吗？当我遇到新朋友时也总会有这个疑问。当我们开始一段新关系时，总是想知道我们正在进入什么状态，尤其是当这个人对我们有权威的时候。我会私下给他们写信，通过我的几个小故事来解释这个问题。例如，为了表明我是一个纪律严明的人，我给他们讲了我教书第一年时碰到的爬上文件柜不肯下来的学生的故事。我鼓励他们互相分享类似的校园故事，如果他们愿意，也可以和全班分享。和其他活动相比，故事总是能更快地让人们熟悉起来。

◎ 建立健康师生关系的5项实践

关注学生身上值得赞扬的品质和行为，可以让付出努力的学生得到认可，反过来又会激励他们不断努力。真诚而具体地说出你的欣赏点是关键，真诚而不是虚假的滔滔不绝可以在教学中发挥积极的作用。我们低估了潜移默化中的积极力量的影响。我们对负面事件的偏见常常让我们忘记，我们的老师曾经用真诚的赞美对我们的人生产生过积极影响。

这在不可能对建立信任关系提出指导意见的地方——离婚问题研究所得到了回应。约翰·戈特曼（John Gottman）因创建了一个科学的模型而闻名，该模型预测离婚的准确率超过90%。几十年的观察揭示出夫妻间的行为模式实际上决定了一段关系的成败。他发现，建立良好夫妻关系的基础是精心培养爱好，关注对方的目标、烦恼、希望和梦想。表5.1将他的建议引入了课堂。

大量的神经学研究表明，这些行为减少了学生和教师的压力和恐惧，帮助他们的大脑更快、更有效地学习。所有人都在积极的氛围中做得更好——变得更有创造力，也更有韧性。贫困学生尤其需要语言上的肯定，因为他们听到令人气馁或挫败的话往往是工人阶层或职业家庭出身的普通学生的两倍。哈特（Hart）和里斯利（Risley）发现，"到4岁时，贫困家庭的孩子可能比工人阶级家庭的孩子少受到14.4万次鼓励，多受到8.4万次打击。"

表5.1 建立信任、安全感和同情心的5项实践

研究发现	适用场景
理解对方，回应对方的请求	在教室门口见面，允许学生选择不参加活动，课程中允许学生不用报告就可以去洗手间。
让对方影响你	允许学生成为班级DJ，为课堂选择音乐或分享播放列表；允许他们选择视频片段等来帮助自己表达观点或阐释问题。
解决你可以解决的问题	知道学生什么时候需要帮助。一些学生很信任其他老师或教练，寻求这些同事的建议，并试着以小组形式与他们见面。
化解僵局	既往不咎，找到学生身上你可以真诚赞美的、令人钦佩的品质。
创造可分享的意义	回想你在这个年龄时的感受和经历。让你内心住着的这个年龄段的孩子来指导师生互动，缩小师生间的差距。

我的许多学生，在走进我的高中教室时，就表现出不羁和不满，他们的这种态度很难被改变。

研究表明，"信任的神经科学"与大脑中的催产素的水平有关。大脑中的催产素越多，信任他人的能力就越强，同理心也就越强。十多年来，扎克（Zak）致力于研究是什么促进了这种化学物质的分泌，又是什么抑制了它，从而确定人与环境之间的信任为何会不同。长期的压力会抑制催产素的分泌，并阻碍学生之间的合作、同事之间的合作以及与父母的沟通。催产素会因特定的活动而增强。

扎克指出了与较高信任水平相关的管理行为，并使用这个模型来衡量企业的信任度。其中一些行为与前面几章中已经提到的建议相一致，例如"挑战压力"——一个困难但可以实现的目标，例如那些小任务和写

> 大脑中的消极体验就像维可牢①，大脑中的积极体验就像特弗龙②。
>
> ——里克·汉森（Rick Hanson）

作小组任务，可以促进人与人之间的联系与合作。同样，选择让学生如何学习、何时学习、在哪里学习，鼓励学生解决现有问题，有助于形成一个有生命活力的课堂。

---

① 维可牢（Velcro）是瑞士发明家乔治·德·迈斯德欧（George de Mestral）发明的尼龙搭扣，由两条尼龙带组成，其中一条有涂层，上面有类似芒刺的小钩，另外一条的上面是数千个小环，钩与环能够牢牢地粘在一起。在这里，"维可牢"用于形容坏体验容易在大脑中牢牢生根。

② 特弗龙（Teflon）是杜邦公司使用在其一系列氟聚合物产品上的注册商标。大约70年前，化学家罗伊·普朗克特（Roy J.Plunkett）发明了聚四氟乙烯树脂，杜邦公司以"特弗龙"为其命名。聚四氟乙烯聚合物的优点包括高润滑、不黏附、耐腐蚀等。在这里，"特弗龙"用于形容好体验不容易在大脑中留下印象。

· 第二部分 ·

把学生的问题应用
到教学中去

我一直想要说服你们所有人，不论老少，不要只考虑你们个人和财产，首要的事是要关心灵魂的最大提升……这是我的教学，如果这是腐蚀年轻人的教义，那么我就是一个邪恶的人。

——苏格拉底

有些技能我们并没有将之视作在传统意义上应该学习的技能，比如读人心、感察气氛以及识别图像的能力。如果我们将学生视作掌握了这些能力的人，我们就可以将他们的这些技能与传统的读写能力的学习联系起来。在与难民学生以及补习学生打交道的过程中，我注意到这些学生可以轻易地利用周围环境中的信息，联系背景知识，在观看图片和视频、学习经验的过程中做出推论。

例如，即使是语言的初学者，在观看短视频默片《鸟！鸟！鸟！》（*For the Birds*）时也会笑出来，也可以很轻易地理解人物和情节中的幽默。同样，不擅长阅读的运动员，也能够根据对手微妙的身体动作和表情，预测出他们的行为，并进行复杂的推断。我发现即使是年幼的孩子，当我让他们告诉我，他们是怎么知道自己想和谁交朋友时，他们也能够根据行为中的细节和对话的内容，得出对其他人的结论。在课堂上，我们制作了锚图来展示学生们的这种特长，利用他们的这些能力来帮助他们学习文本阅读（见表Ⅱ.1）。

有些学生向来只把自己看作不擅长阅读的人，让他们知道理解视频和图像的能力和阅读文字读物的能力之间的联系，会给很多学生带来学业上的信心。帮他们看到自己的能力，发现自己可以成功地阅读周遭世界，可以增强他们的自信，增加他们读写的动力。

表Ⅱ.1 学生阅读视频、图像和情景的能力与文本读写能力的联系

阅读视频	阅读图像	阅读人和情境
<ul><li>关注标题。</li><li>故事发生在什么地方？</li><li>人物在做什么？</li><li>这使我想起已经看到的什么？</li><li>一个场景是如何与另一个连接的？有什么共同点？</li></ul>	<ul><li>看一看图片的四个角。</li><li>注意细节：如果你仔细看，会看到什么？</li><li>主要的颜色是什么颜色？</li><li>照片是怎么组合的：前面有什么？背景有什么？</li></ul>	<ul><li>在这个人身上你看到什么行动？</li><li>他/她是怎么站的或坐的？</li><li>他/她的脸上有怎样的表情？</li><li>你注意到他/她说什么了吗？</li><li>你注意到她/他的眼神和语调了吗？</li></ul>

对于很多学生来说，阅读是个伪概念。他们知道他们本应该"从文本中得到些什么"，但如果我们没有在他们已知的东西和我们需要他们所做的事情之间建立明确的联系，他们只是在假装阅读。更糟糕的是，他们会认为阅读或为阅读而进行的学习不过是一场游戏，游戏的目的在于看他们可以得出多少推论，并期待其中能有一个"对的"答案。他们看到的是同学和老师貌似不费吹灰之力就能从文本中找到意义。

这不仅仅是"挣扎的读者"问题，这种问题在大学预科班也存在。这些学生一直以来都能熟练地驾驭学校的"游戏规则"，并常常因此而受到奖励。他们很会说服老师回答他们的问题，然后再把这些答案照搬到

自己的写作中。然而，当让他们提出自己富有创意的观点时，他们却常会因无法忍受错误和犯错的不适感而不知所措。让他们了解自己的视觉认知能力可以说服他们克服困难，大胆尝试。

如果我们给学生提供工具帮助他们思考，比如，列出分级问题，他们会更愿意参与学习读写能力的任务。分级问题并不是什么新概念，但它们和不同学习阶段中的具体文本和作业结合起来，可以培养学生在完成其他事情上的批判性思维（见图 II.1）。

**"眼前"
的问题**

一级
- 用手指指出正确答案
- 谁、什么、什么地点、什么时间和怎么样
- 重要的细节
- 符合布卢姆教育目标分类法①中的"记忆"和"理解"，知识深度教学法②中的"回忆和重现"

**侦探
问题**

二级
- 你知道什么以及文本中有什么
- 做出推断、分析并创造意义
- 为什么
- 不止一个答案
- 符合布卢姆教育目标分类法中的"应用"和"分析"，知识深度教学法中的"技能和概念"/"策略性思考和推理"

大问题

三级
- 从文本入手：超越文本本身并与其他观点相联系
- 人类自古以来提出的哲学问题
- 文本中找不到答案；为高利害测验③所做的练习，为写作提供一个普适的角度
- 符合布卢姆教育目标分类法中的"评价"和"创造"，知识深度教学法中的"拓展性思考"

图Ⅱ.1分级问题

① 布卢姆教育目标分类法（Bloom's Taxonomy）将认知过程分为6个维度：记忆、理解、应用、分析、评价、创造。

② 知识深度教学法（Depth of Knowledge），简称DOK理论，由美国教育评价专家韦伯提出。DOK将学生的认识水平分成四个等级：（1）回忆和重现，（2）技能和概念，（3）策略性思考和推理，（4）拓展性思考。

③ 高利害测验（High-Stakes Test）指测验结果可以对测试所涉及的受测者或项目、单位造成直接和重要后果的测验。

以下面3个适用于不同年级的文本为例，我们来看一下什么是分级问题。这3个文本分别是：适合小学生的《莉莉的紫色小皮包》（*Lilly's Purple Plastic Purse*）【凯文·汉克斯（Kevin Henkes），1996】、适合中学生的《授者》（*The Giver*）【洛伊丝·洛利（Lois Lowry），1993】，还有适合高中生的《罗密欧与朱丽叶》（*Romeo and Juliet*）【威廉·莎士比亚（William Shakespeare）】。

一级问题的例子：

1. 莉莉的紫色小皮包里有什么？

2. 乔纳斯最好的朋友是谁？

3. 罗密欧姓什么？

二级问题的例子：

1. 思考一下你知道的关于辛格先生本人的信息，你认为他为什么不把莉莉送到校长办公室，或打电话给她的父母，而是给了莉莉一张便条？

2. 根据你知道的在《授者》中发生的一切，你认为乔纳斯和加布里埃尔在书的结尾是活着还是死了？为什么？

3. 根据你对人的了解和你对莫枯修的认识，说说他为什么这么爱讽刺人。

三级问题的例子：

1. 好老师是什么样的？

2. "完美的社会"是可能的吗？为什么？

3. 你怎么知道你碰到了对的人？

教案 II.1
制作供学生参考的分级问题模型

材料

★ 为儿童或英语语言学习者准备的《灰姑娘》，年龄较大的孩子会比较熟悉这个故事。

★ 足够的9英寸×12英寸的彩色美术纸（任何颜色），确保每个学生都有一张。

★ 剪刀

★ 记号笔

★ 图表纸（3张）或者可以立起来的速写本

时间

大约40分钟或者一节课

步骤

★ 选择一个著名的故事，比如《灰姑娘》或《三只小猪》，通过这个故事教学生如何理解和回答分级问题。列一些简单的分级问题，以帮助学生快速理解不同级别的问题。

★ 学生可以用一张9英寸×12英寸的彩色美术纸折成"热狗"的形状（长边对长边），然后把一边分成3个部分，剪出3个可以开合的小门。在一扇门上标一级，在另一扇门上标二级，在最后一扇门上标三级。

★ 让学生在每一个门上写出关于每个级别的描述。

★ 让一个自愿的学生复述"灰姑娘"的故事，然后让学生们分组对每个级别的问题进行头脑风暴。小学生在遇到二级和三级问题时可能会需要帮助。对于年龄较小的学生，当进行小组头脑风暴时，你可以请自愿的学生再次复述这个故事。

★ 用3张大的图表纸来收集头脑风暴得到的问题，把它们放到一级、二级和三级相应的类别中。

★ 让学生从图表中选择一个例子写到他们制作的纸模型上，确保他们写在了对应的小门下面。

★ 讨论一下为什么它们属于那个级别。关键是要通过提出问题来解释阅读就是引发学生思考、激起学生的好奇心和促使他们提问的过程。

教案 II.2
用分级问题练习视觉认知能力

材料

★ 图片：像那些在年度"最佳摄影奖"中收集到的图片，可参见我的品趣志（Pinterest board）上的"用于写作提示和视觉思维课程的图片（Images for Use as Writing Prompts and Visual Thinking Lessons）"或"社交媒体（Social Media）""社会正义（Social Justice）"两个图片集或Unsplash上收藏的"视觉思维提示（Visual Thinking Prompts）"合集。

★ 短视频：像皮克斯（Pixar）的短视频，也可参见我的Youtube 收藏："用视频来进行批判性思考（Using Video for Critical Thinking）"（http://bit.ly/2GZNNoz）。

步骤

★ 一旦学生熟悉了分级问题，让他们用图片或视频来试验一下。

★ 让学生再做一个纸模型，让他们在每一个小门上做好标记，帮他们用自己的话阐释每一个级别。这种练习本身对一些孩子来说是很难的，因为他们从来没有尝试过元认知，在复述观点的时候经常会觉得困难。老师要温和地鼓励学生多尝试，并且尽力做好示范。复述观点是掌握文本理解的重要手段，所以练习得越多越好。

★ 皮克斯的短视频是这方面非常好的资源，但针对不同的学生也可以用更长一点的电影，比如《机器人总动员》（*Wall-E*）（用于高中的英语语言学习者），《超人总动员》（*The Incredibles*）（用于初中生），或者是《海底总动员》（*Finding Nemo*）（用于小学生）。我起初之所以用皮克斯的短视频是因为可以在一个班播放3次，请学生每次都找出新的细节和问题，之后在锚图上展示出我们的观点和看法。

现在，学生对熟悉的文本已经有了一些信心（通过读视频和图片也进行了一些文本分析的练习），并且能够开始处理文字文本了。学生可以和同伴们一起写笔记，也可以用短文、诗歌或歌词来进行练习（附录中

有附有注释的批判性思维音乐曲目列表、微小说和儿童读物的选择建议，以及可供选择的合适的诗歌）。

最好的分级问题可以成为学生的写作提示，不管是你用它们进行定时写作练习，还是将之视作自由写作的提示，或者是用它们来做热身练习或即兴练习。学生可以用他们自己提出的问题进行自我探究，这是我在教学过程中发现的使用分级问题的最高境界。学生对于这些问题的答案也因此可以变成正式的陈述，包括研究论文、项目介绍和多媒体作业等。

对于那些被看作"学习上有困难"或者需要学习"基本技能"的学生来说，把这些问题跟所学内容联系在一起，有助于增强他们的自信和学习动力。哈佛大学教授贾尔·梅塔（Jal Mehta）是研究如何创造深度学习的专家，他认为给学生机会让他们决定学习的内容有助于创造公平。

在学校里，"优先学习基础知识"的理念也很容易造成不公平。这种思维倾向于先强调学生的不足，然后才会看到他们的长处。对底层的或慢班的学生来说，这种理念恰恰证明了弗莱雷所批判的"银行储蓄式教育[①]"。虽然这种思维方式是社会再生产的一种强大力量，但不管它的动机有多好，实际的结果依旧是那些享有特权的学生被教导如何思考，而那些处于弱势的学生，通常是有色族群的学生，被教导怎样听从权威的指示。研究表明，这种分化早在幼儿园就开始了，一直贯穿到高中。

---

① "银行储蓄式教育（banking model of education）"是由保罗·弗莱雷（Paulo Freire）提出的用以描述和批判传统的教育体系的术语。它将学生比作容器，而老师则要用知识填满该容器。弗莱雷认为这个模式让学生进一步丧失了批判性思考的能力以及自主学习的能力，反过来又加强了对他们的压迫。这与弗莱雷对知识的理解形成了鲜明的对比，在他看来，知识应是人类创造的产物。

◎ 通过提问开启你的课程

学科内容可以被看作一个透镜，它让我们看到嵌入在哲学问题中的问题的不同方面。比如，"我们能够知道什么"这个问题，不仅激发了苏格拉底，而且激发着每个课程和专业领域的伟大思想家。戴上"科学的眼镜"，我们可以考察通过物理的、可测的现象我们能知道什么；戴上"数学的眼镜"，我们会看到方程式、数据和数值概率如何给我们更多的解答；戴上"历史的眼镜"，我们可以从有记载的事件和记录中寻找答案；戴上"艺术的眼镜"，我们任想象力驰骋，用文字、音乐、颜料、泥土、水墨、服装和表演探究角色、主题和神迹，洞见生命的意义。

这些回答的美妙之处各不相同，教学大纲不再只是书本上的文字，它开始深入生活。当课程内容从更广阔、更集中的角度来回答人类问题时，它"通过创造以学生为中心的、与文化相关联的、有深刻意义的课程，确保所有孩子都能获得机会得到发展"。

下面的章节使用了一流教师的建议，在他们看来，你可以通过提问开启你的课程，并将自己的教学建立在提问的基础之上。一起来看看针对不同的学科内容和不同的年级，提问是如何发挥积极作用的吧！

第六章

教会学生跨学科的学习方法

课程之间的联系会加深我们对课程的理解，这会在我们日后面临一些艰巨的挑战时，为我们指明解决之道。从多个角度看待问题的能力非常重要，然而我们还没有从这个方面设计过课程。让我们的学生了解一下不同的科目是如何解答我们在宇宙中的位置的问题，会激发他们的创新精神。

研究者已经发现：

尤其是对于那些既没有被认为有天赋，也不在实验班或快班的学生来说，当老师在课堂上使用新方法教授学科知识时，这些学生会表现得更自在，更容易学会课程内容。我们采访的学生都表示，他们认可并赞赏那些能努力了解学生，并试图创造鼓励学术参与和表达想法的课堂的老师。然而，这些学生认为，他们的大多数课堂是高度结构化的、由老师控制的、死板的。

在教育体系之外，许多公司也越来越认可类似的观点，比如谷歌。在谷歌，比聪明更重要的是求知欲，乐于求知会受到奖励。谷歌的人才总监朱迪·吉伯特（Judy Gilbert）负责培养有创意的人才，她认为我们老师"要消除不同科目之间的明确界限。跨学科的学习方法会使人们为他们将要面对的问题做出更好的准备"。

◎ 作为跨学科纽带的课堂讨论

正如维果斯基提醒我们的，思考是社会性的。讨论和辩论可以帮助我们理清思路、提高推理能力。富有成效的课堂讨论可以把隐形的思维机制明确化。在听说的过程中，学生会形成自己的理解，并有意识地将之和其他观点联系起来，这会增强他们参与学术讨论的能力。简言之，谈论某件事会帮助我们自己理解它。正如那句格言所说：工作就是学习。

而且，当学生被赋予了更多机会参与学术讨论、使用学术用语时，对他们来说，了解背景知识、学习学术词汇以及在不同科目之间建立联系就会变得更有效率、更令人印象深刻。这需要耐心和练习，但会增强学生的自信心，这种自信会一直延续到他们未来的大学生活和职业生涯当中。

◎ 如何处理有争议的问题

因为我的学生经常会选择讨论有关政治、精神、种族和性别的有争议的话题，所以讨论有时会变得很紧张。你可能需要暂停一下来分散学生们的注意力，让每个人静下来做深呼吸，或者让焦虑不安的学生离开房间去喝点水，重点在于帮助学生保持他们之间的对话。为了促进有效的对话，你可以让学生回忆他们听到的主要内容和任务（见第4章）。你也可以考虑一下下面几个问题：

为教师和辅导员准备的问题

1. 你如何帮助学生表达他们对争议性问题的第一想法，尤其是那些与他们个人价值观相关的问题？

2. 我的教室是一个可以容纳不受欢迎的、不寻常的以及与我的见解相抵触的观点的地方吗？

3. 即使与某话题相关的内容是教学中的重要组成部分，有些老师也会因为其具有社会争议，选择淡化或者回避该话题。这会加剧教育不公，特别是对于那些不经常被允许参与到思想交流中的孩子来说。我的课堂是否存在这种情况？

4. 我如何解释这些争议？我是否举出了社群中的不同观点？

5. 我是否欢迎那些来自非主流文化和社群的孩子的观点？

6. 我在这堂课上教的东西如何使学生成为思考者、创造者、提问者和贡献者？

方案 6.1 如何开展课堂辩论

时间

两个45分钟的课时

准备

用一节课的时间投票和选定一个辩论题目。你可以让学生投票决定如何用分数来奖励各队。在我的班上，每个获胜队的队员可以将一个不及格或者缺考的分数替换为100分。确保学生理解辩论中的词汇（例如驳斥、反驳等）。

第1天：扔硬币来决定正方和反方（对于高阶学生，让他们准备好正反两方的辩词，在辩论前扔硬币决定）。以辩论队为单位，开始研究问题和完成辩论提纲（参见附录的课堂辩论讲义）。选择辩手、研究员和教练。

第2天：上课铃一响，辩论就开始。提前为辩论布置好教室（比如辩手的演讲台，演讲台两边放置好其他辩手的课桌，将余下的课桌拼成大桌子，这样可以方便其他队员在教室后面进行集中讨论）。

角色

（注意：每个人都需要倾听对方辩手的发言，找出对方在思维、逻辑或论据方面的错误。）

★ **辩手**——有效使用公众演讲技巧来阐述本队的观点，如果需要的话可以拿手卡。可以按每个人的特长分工，但每个辩手在辩论中必须有一次发言。

★ **研究员**——倾听并理解对方辩手的发言，然后快速找到证据来挑战对手的观点，支持本方的发言，确保本队的发言人可以得到最佳的信息和论点。

★ **教练**——查阅评分细则，确保队员尽可能多地得分。

材料

★ 教师（或评委组）需要2份辩论计分表来记分。

★ 笔记本电脑（每个队至少2台），如果没有笔记本电脑也可替换为智能手机。

★ 可以登录www.ProCon.org 或者其他辩论准备的网站，如SIRS

Issues Researcher（很多学校图书馆都可以使用这个网站）。初学者可以使用https://idebate.org查找适合小学生的题目，比如"是否应该禁止动物实验"。

★ 每个队都需要多份评分细则。

★ 两个队分为正方和反方。

★ 每个队有3个成员将会参与辩论，队里其他成员将成为各队的研究员和教练。

形式

6分钟——正方申述立场

6分钟——反方申述立场

5分钟——研究或者复习辩论过程

4分钟——正方反驳

4分钟——反方反驳

3分钟——研究或者复习辩论过程

2分钟——正方回应

2分钟——反方回应

1分钟——队员集合

2分钟——正方/反方总结立场

2分钟——正方/反方总结立场

5分钟——统计计分表，宣布获胜者，奖励分数

拓展

★ 辩论队互换立场，总结另一队的观点。然后，根据两队的论点和证据，试着达成共识。

★ 学生各队将一张图表分成4等份，共同合作，思考并找出4个利益相关者，列出每一方担忧的事情和看重的事情。例如，商人对这个问题的看法和关注点是什么？健康专家对这个问题的看法和关注点是什么？（老师可以在这个过程中提供帮助，这是一次关于民主思想的宝贵实践。）

★ 每个学生写一篇关于他们自己和团队表现的反思。这可以被算作一次测验成绩、课堂论文、限时写作或其他写作练习。

当我开始用来自学生的问题作为教学工具，我意识到它们满足了麦克泰格（McTighe）和威金斯（Wiggins）定义的"基本问题"的要求，因为它们具有如下的特征：

★ 开放、典型，没有单一的、最终的和正确的答案。

★ 有启发性，经常会激发讨论和辩论。

★ 指向一些学科内（以及有时涉及不同学科的）重要的和可迁移的观点。

★ 能够引发一些额外的问题，激发进一步的探究。

★ 可以不断地被反思。

他们指出，如果老师想要掌控学生的思维，学生提出的问题可能就会被忽视。"当老师表面上就有争议的问题征求学生看法，实际上却想要学生得出他们所认为的政治正确或道德正确的答案时，他们表现出的就是思想上的不诚实。"

这是思考"翻转学习"的另一种方式，通过学生自己的问题引入要学习的内容，而不是让学生先学习内容再思考。从学生自己的问题开始，翻转学习，让学生自己成为学习的主人，让他们参与真正的探究，使学

> 与其去看还没有人看到的东西，不如去思考那些每个人都见过却没思考过的东西。
>
> ——阿瑟·叔本华
> （Arthur Schopenhauer）

习更加个性化。老师不需要提出基本问题，也不需要创造其他额外的东西。学生理解知识而不是考出好成绩变成了教学的最终目标。评估手段不变，但是参与学习的方式和激发学习的动力变了。

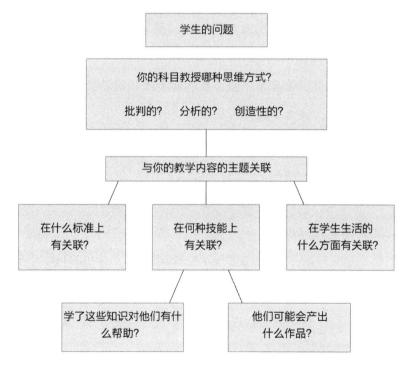

图6.1 连接课堂内容和学生学习结果的流程图

从学生们自己提出的问题开始的翻转学习会是什么样的？图6.1的流程图很形象地解释了这个过程。

例如，思考以下问题：

为什么白人对棕色人种充满恶意？（小学生）

为什么人们会杀人？（初中生）

世界上存在和平吗？（高中生）

当我尝试将学生的问题与我的教学内容相联系时，我发现了问题中隐藏的主题或观点。关注问题中反复出现的东西，或者根据同义词词典找出问题中反复出现的同义词。或者，你也可以把学生问题中的主要观点找出来，将之与一些相似的观点做比较：学生的主要观点是什么？与其他观点相比，它们有什么不同之处？

以上由学生提出的示例问题中，出现了有关人际关系、社会偏见以及社会不和谐原因的主题。这些问题出现的共同原因是与跟自己不同的人相处而产生的不适感。

那么，我们所教授的东西如何帮我们解决这些问题呢？我教的科目是英语，所以我的科目可以通过文学作品中的人物和情节帮助学生寻求解决问题的答案。我发现学生可以在课堂之外，联系课程内容来思考他们自己的经历。用这种方法进行翻转学习，还可以帮我理解为什么我会向他们教授某一课程或者技能。作为英语老师，在我看来，我们的社会有诸多不和谐的原因之一是我们的社会中存在各种"主义"：种族主义、男性至上主义，等等。这些主义的共同点就是偏见。偏见可以被视作处理分歧的最大障碍。

文学好像是我储藏各种解决办法的大储物箱。箱子里是有关各种技能（读和写）和（我必须教给学生的）标准的小箱子（见图表6.2）。以下几个例子可以说明小说能够回答怎样的问题：

★ 《黄油大战》(*The Butter Battle Book*)【苏斯博士(Dr. Seuss),
  1984】:表明与不同的人相处而产生的不适感是冲突的根源(小学)

★ 《授者》(*The Giver*)【洛利(Lowry),1993】:表明试图消除差
  异会带来意想不到的后果(初中)

★ 《杀死一只知更鸟》(*To Kill a Mockingbird*)【李(Lee),
  1960/2002】和《哈克贝利·费恩历险记》(Huckleberry Finn)
  【吐温(Twain),1884/2003】:表明对待差异有偏见的社会规范
  会引起暴力(高中)

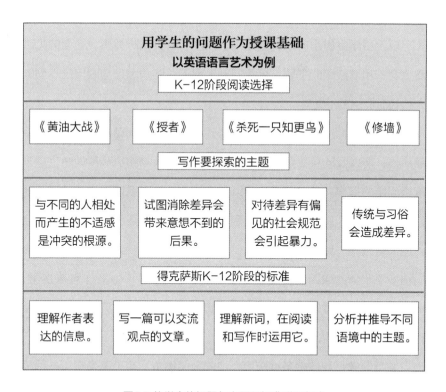

图6.2 将学生的问题与主题和标准联系起来

例如得克萨斯的阅读和写作标准,是让学生用阅读技巧来理解作者

的信息，然后写一篇可以和读者交流观点的文章。学生的问题变成了学习课程内容的指南，学生的阅读和写作也因此有了目的。我的课程的目的之一就是告诉学生作者是如何通过其作品回答问题的。因此，留给学生的写作任务可以是关于作者如何回答问题的分析，也可以是关于如何处理差异的创意写作。

但是，后面的章节里列举的优秀老师展现了他们是如何通过自己所教授的科目进行传道授业的。举例来说，如果我教授的科目是数学，我可能会像何塞·路易斯·威尔逊（Jose Luis Vilson）那样，展示每个种族与权威发生冲突的概率，以及那些数字会告诉我们，作为一个社会，我们是怎样处理差异的。假设我教授的科目是科学，我可能会像杰弗里·沙博诺（Jeff Charbonneau）那样，用一个有争议的事件去引导学生，之后请他们做出报告，看看他们通过共同合作会得出怎样的答案。如果我的科目是社会研究，我或许会像内特·鲍林（Nate Bowling）那样，展示政府是如何管理像学生们一样的人民群众的。如果我的科目是艺术，我或许会像梅丽·库珀（Mairi Cooper）那样，展示尊重和包容差异对艺术表现会有怎样的帮助。

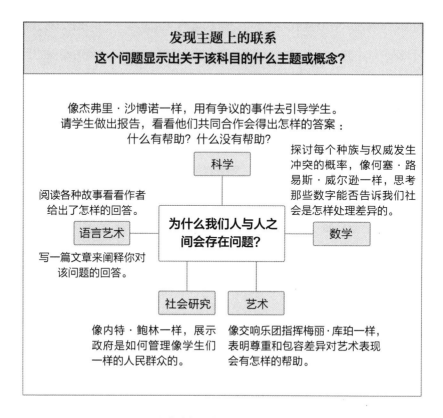

图6.3 用学生的问题来展示跨学科内容的联系

我们可以通过向学生展示他们的问题是如何跟一些哲学的经典问题相联系的来拓展他们的学习。如图6.4所示。

复杂性、关联性和发展推理的能力是有关英语和数学的国家共同核心标准的关键词（数学的标准提到了"效能倾向"，即把数学看作"有意义的、有用的以及有价值的"），任何帮助我们培养学生高阶思维能力的内容，对他们的考试实际上都有很大帮助。

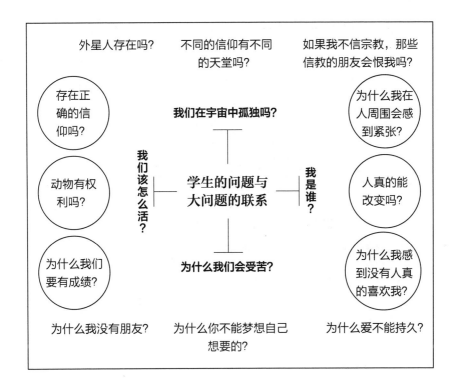

图6.4 将学生的问题与更大的哲学问题相联系

第二部分中的教学内容章节突出了获奖教师的具体实践，将他们的实践置于美国教育标准的大框架之下，我们会发现，在所有的学科教育、职业技能教育和艺术教育中，探究和提问是非常基础的技能。此外，每个章节列举了与分数相关的或与内容相关的级别问题的例子；介绍了拓展活动，列出了相关资料，比如课堂辩论的链接；还有在哪里可以找到在课堂上支持包容、多样性和平等的相关资源。那些需要为英语语言学习者或特殊教育学生调整授课内容的老师，也可以使用其中列出的针对年龄较小的孩子的课文和问题。

即使你不教那些科目的内容，我也希望你能将这些特级教师的观点不要害怕哲学——几个世纪以来，它一直在传播着、推进着人类的理想。一个没有哲学的世界才是可怕的。如果拒绝哲学提供的美好的可能性，你会害怕你将变成的样子。

——莎朗·凯（Sharon Kaye）

视作行之有效的方法，把你所教的东西和学生将要学的科目内容联系起来。通过采访这些老师，我感到我们实质上是相同的人。我们这些选择教育行业的人正如一个家庭里的兄弟姐妹，所有人都相信教育带来的希望，都对教学行为背后的社会正义充满激情，对我们热爱和服务的学生怀有深切而强烈的忠诚。

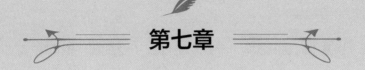

第七章

把提问应用到科学教育中去

最重要的是不要停止发问。好奇心有它自己存在的理由。当一个人思考永恒、生命以及现实奇妙结构的神秘时，他会止不住地惊奇。如果一个人每天只尝试理解一点这样的神秘，那也足够了。

——阿尔伯特·爱因斯坦（Albert Einstein）

当8岁的提米提出"蚂蚁是怎么看我们的？它们是否知道我们是人而它们却不是"，他提出了一个昆虫学家想问的问题。当6岁的马佳丽想知道"为什么一些动物大，另一些却很小"，她在像动物学家一样思考。12岁的韦德问"还有其他生物生活在这个宇宙吗"，他提出了一个和奈尔·德葛拉斯·泰森（Neil DeGrasse Tyson）以及其他太空物理学家相同的问题。18岁的贾斯敏提出"我们将来可以像在亚马逊网站订购东西一样订购孩子吗"，生物伦理学家也在探究这个问题。这4个问题分别属于生命科学、太空科学和工程技术领域，这些问题完全可以作为引导问题，促使学生开展能够推动科学发展的探究。

"每一项发明、进步、有价值的小知识、方程式、探索和发现都开始于一些基本问题：怎样、什么、为什么、什么时候，等等"，我的同事克雷格·比尔斯（Craig Beals）——一位化学老师，告诉我说，"提问本身就是科学的基础。"

　　我的另一位同事，理查德·欧尼贝内（Richard Ognibene），是一位拥有诗人情怀的物理老师，他并不像我们想象中的那么理性。我们俩在2017年的一次学术会议上一起谈话时，他说他认为用问题来教课需要勇气。"人类有这么多的知识，却只有几十年的时间待在这地球上，当下教学的决定性问题是'什么是值得知道的'。如果我教的很多东西都可以查到，那么我该怎样增加我教学的价值呢？"他说，"我觉得，在中学阶段我们过于关注教学内容，却逃避解决心中的问题。如果你有知识，你应该用它来赚钱，还是帮助人类？我们老师的价值其实是帮助学生回答那些哲学问题。"

表7.1 科学教育的引领者

克雷格·比尔斯（Craig Beals）

2015年蒙大拿州年度教师

2016年联邦教育协会优秀教师奖

蒙大拿州比灵斯市，比灵斯高级中学

教授科目：化学（之前教地球科学和生物）

YouTube 频道：比尔斯科学，www.youtube.com/user/bealssceience

杰弗里·沙博诺（Jeff Charbonneau）

2013年国家年度教师

全球教师奖，前40名提名

华盛顿州齐拉市，齐拉高级中学

教授科目：化学、物理和工程

推特：@JeffCharbonneau

理查德·欧尼贝内（Richard Ognibene）

2008年纽约州年度教师

2015年国家教师名人堂新成员

纽约州罗彻斯特市，费尔波特高级中学

教授科目：物理和化学

克丽·伦道夫（Keri Randolph）

2005年查塔姆县年度教师

田纳西州查塔努加市，汉密尔顿县教育部创意总监

曾任公立教育基金会副会长和田纳西州东南部科技教育数学创意中心副主席

田纳西州查塔努加市田纳西大学，科学硕士教师

北卡罗莱纳州匹茨伯勒市，科学硕士教师

孩子早期的对世界的直觉是建构卓越理解力的基础，对于年级较低的孩子来说也是一样。实际上，在任何年级的科学教学中，建立和修改先前的概念（包括错误的概念）都是很重要的。

——美国国立研究委员会

克丽·伦道夫离开了微生物生态学研究去教高中生物、化学和地球科学。她启发了我思考如何教科学，以及为什么我们应该对只教知识本身这件事持批判态度。她强调，我们需要有长远的目光，关注每个学科中潜藏的哲学问题。

"在我的职业生涯中，我确实已经把我对科学教育的看法从教学生科学转为把学生当科学家来教，"她说，"我认为这是一个重要的区别。教科学意味着科目的具体内容很重要，但是教学生像科学家那样思考，不但可以激发好奇心，培养他们提问的能力，还能够训练他们掌握诸多技能，如发展他们的批判性思维、提高他们解决问题的能力以及培养他们根据证据辩论的技能。我不期待每个学生都变成科学家，但是教他们像科学家一样思考，会帮助他们批判地看待消费社会中的各种信息，帮他们成为优秀的发问者和更好的决策者。"

这一章指导着老师怎样去培养学生的好奇心，也为如何鼓励和引导学生喜爱科学提出建议。

◎ 有关科学课堂的4个启发性观点

1. 以大问题来开启一个学年

比尔斯：我在科学教学的过程中会不断地引导学生。通常我会从两件事做起：第一是观察，第二是发问。例如，我让学生提出5个"我想知道"的问题，它们可以与任何事物相关。然后，我会引导他们将那些问题转化为"可检验的问题"，他们可以搜集数据、制作装置、设计解决方案来试着回答这些问题。下一步，用研究、实验和分析去"追踪"他们喜欢的问题，得出结论来回答这些问题。这是我课上的一项要求，我把它称为"独立研究项目"，主要目标是让学生们去改变世界。这对我的学生来说是最有力的科学体验之一，因为他们在用科学回答自己提出的问题。

伦道夫：科学并不仅仅像我们常教的那样，是停留在书本上的一条一条的理论知识，科学是认识和理解世界的一种方法。现在科学所涵盖的内容太多了，我们无法将所有的内容都教给学生，所以我们得考虑用不一样的方式来教授科学。

这也涉及有关深度与宽度的讨论。我会在学期开始时先讲一些让孩子们可以联系自身的知识，比如生物学中的生态学。我会找一些大家都感兴趣、整个班可以一起探究的问题。虽然这样做很混乱，但可以吸引学生们。他们要在海报展示环节展示他们的成果。有些很可笑，比如可口可乐对植物做了什么（它杀死了它们），但是我感兴趣的是过程、实验设计，对内容、论证和以数据为基础的讨论的好奇心。一旦他们掌握了这些，我们可以一起做更多的探究。虽然我总是为了宽度而牺牲深度，但这并不影响我的考试结果。他们知道每项标准吗？不，但他们知道：他们在科学探究的领域获得了应有的尊重，他们也希望能一直按照这样的方式学习和进步。这比起学习水循环的理论过程要重要得多。

2. 使用孩子感兴趣的类比

沙博诺：类比非常重要，因为它会把新事物和你已经知道的东西联系起来，所以你就可以做出一定程度的推断。你也必须小心使用类比，因为有时候它会使人对正在讨论的话题产生误解。

要提出一个好类比，就必须对学生的背景有深入的了解。如果我向你提出一个关于篮球的类比，而你从来没有打过篮球，那么这个类比就是行不通的，也并不能帮助你理解。我的班上经常会有来自海外的交换生，或是成长在跟我完全不同的文化背景下的学生，当我提到流行文化时，我得非常小心，因为不是每个人的成长环境中都有相同的流行文化。

伦道夫：我认为，对教师来说，使用类比的最大价值是让学生发现他们理解知识的突破点。例如，当我们讨论细胞的结构和功能时，常常会用到工厂的类比。这种类比很有用，却不会百分之百有效。当孩子们通过分析这个类比找到差异时，它确实很有效，能够帮助他们进行真正的学习。比如线粒体是细胞的发电站，但它不像电池，它不储存能量，它只是接收葡萄糖，将其转换成三磷酸腺，三磷酸腺是细胞里的能量货币，等等。

3. 巧妙地运用反常事件

沙博诺：科学家和科学老师都喜欢违背常理的事件。你给他们展示一个违背常理的事件，他们会想"为什么会那样"，这就是所谓的"魔法"变成科学的地方。"魔法"和科学之间的区别在于，人们不解释"魔法"

背后的科学。"魔法"其实是一定方式、形状或形式上的科学现象，只是人们没有对这种现象做出解释。因为我非常强调学生探究的过程，所以我会安排学生对"魔法"背后的科学进行研究。

你可以对孩子们说"好，让我们来解构这个现象，看看它是如何发生的"。然后介绍一个概念，让学生去做实验，给他们一定的研究时间，让他们去发现各种东西是怎么发生反应的。提醒他们注意实验的总体趋势，并让他们总结出一条规则来解释他们所发现的东西。然后请他们证明这个规则："你能拿出什么证据来支持它？"或者，我会说"现在有一个需要你解决的难题"，然后介绍一种化学物质，它并不会像学生们设想的那样反应，所以他们必须调整得出的规则。这也是科学家在试图得出科学发现时必须经历的过程。

这是一个问题接着一个问题的连续过程。你将一个问题放在他们面前，让他们去找出规则，而不是直接告诉他们：这就是有关这些化学物质的规则，这就是它们发生反应的过程。

4. 去发现和创造知识

欧尼贝内：我们作为教育者犯的错误是，认为我们应该用知识填充大脑，而不是一起去发现知识，创造知识。在教室里，你的时间是有限的，这就像做比萨，你只能做这么多。提问这种行为表现出了一种尊重人的意愿。

如果功课对学生有吸引力，他们就能够做得很快。如果功课既和之前的知识相关又有吸引力的话，他们也可以迅速地和之前所学的东西建立联系。我可以精准迅速地完成教学任务，因为我不需要回过头去一遍又一遍地重新教同样的东西，因为学生们第一次就已经弄懂了。一些老

> 我坚信一种观点，即教育的目的在于培养最好的人。
>
> ——理查德·欧尼贝内
> （Richard Ognibene）

师或许要3天才可以讲完一个单元，因为他们要先介绍它，然后要巩固它，巩固一遍之后再巩固，然后再复习一遍。对于我来说，介绍一次，学生们就懂了，因为他们已经通过自己的努力找出了规则，然后我们就可以继续往后学。

教案7.1
应用在科学教育中的分级问题和大问题

早教文本：《我的五种感官》（*My Five Senses*）（2015），埃里克（Aliki）著

内容总结：这本书可以鼓励儿童读者运用他们的5种感官去探索周围环境。

一级：5种感官分别是什么？

二级：你的眼睛是如何帮助你学习新东西的？

三级（用于辩论或讨论）：当人们告诉你要注意时，他们是什么意思？你怎么知道要注意什么？你怎么决定什么是重要的？

小学生文本：《因为一颗橡子》（*Because of an Acorn*）（2016），劳拉·谢弗（Lola M. Schaefer）和亚当·谢弗（Adam Schaefer）著

内容总结：这是一个关于森林内部生态系统的故事，配有吸引人的插图。

一级：森林里的大多数橡子都怎么了？

二级：我们的学校为什么和森林相像？我们是怎么相互联系的？

三级（用于辩论或讨论）：为什么保护大自然很重要？我们应该为环境制定法律吗？自然中需要保护的最重要的部分是哪些？为什么？

初中生文本：《黑死病恐慌：当瘟疫入侵美国》（*Bubonic Panic：When Plague Invaded America*）（2016），盖尔·杰诺（Gail Jarrow）著

内容总结：这本书介绍了历史上的医学之谜，趣味十足，书中配有可能使人不适的逼真图片和细节展示。

一级：人们是怎样感染黑死病的？

二级：人们的居住条件和他们被感染的概率之间有什么关系？

三级（用于辩论/讨论）：对于流行病，采取什么样的行动是正当的？我们应该担心人们的权利或安全吗？为什么错误的信息会这么容易散布？

高中生文本：《全球变暖入门：回答你关于科学、后果和解决方案的问题》（*A Global Warming Primer: Answering Your Questions About the Science, the Consequences, and the Solutions*）（2016），杰弗瑞·贝内特（Jeffrey Bennett）著

内容总结：这本书很容易阅读，书中使用问与答的形式，探索关于人类对地球气候的影响。

一级：什么是温室气体？

二级：风暴和极端天气可能给当地带来什么后果？它们为什么重要？

三级（用于辩论/讨论）：气候变化是人类活动造成的吗？气候变化是自然发生的吗？我们怎么能确定证据的有效性？我们对后代负有什么样的责任？考虑将来重要，还是考虑现在重要？

听说扩展

辩论/讨论的三级问题：

与科学有关的辩论问题例子：

★ 动物实验：动物应该被用来做生物医学研究吗？动物应该被关在动物园或水族馆吗？无笼放养或无板条箱农场的动物的生存条件更好吗？

★ 手机：手机安全吗？社交媒体对精神疾病有影响吗？

★ 替代能源：可再生能源应该代替化石燃料吗？美国应该开放国家保护的土地和水源用作石油开采吗？核能安全吗？

★ 干细胞：干细胞研究是道德的吗？

★ 气候变化：气候变化会造成更多的自然灾害吗？

学术写作练习扩展

请学生写一篇辩论反思报告。

"我们不能忽视科学中的社会层面。我们可以努力培养学生在科学学习中的思维方式，让他们像科学家一样思考。关于气候变化的辩论已经让很多科学家感到头痛，那么我们为什么要讨论气候是否变化的问题呢？"伦道夫说，"证据确凿，气候正在变暖。政治和媒体把问题弄得很复杂，一直在争论是什么、为什么和怎么样的问题。作为科学老师，我们要帮助学生理解气候变化等现象的科学基础，教他们在阅读和检验证据时像科学家一样思考，这一点很重要。如果我们按照灌输理论知识的方式教科学，就无法培养学生的思维方式。我们必须教他们怎样提出好问题，怎样像科学家一样思考。"

美国2012年的《K-12科学教育框架》的指导原则和结构大纲主张将来自各年级，特别是那些年纪较小的学习者的问题包括在内：

"作为建立在兴趣基础上的一项策略，这里确定的学科教育的核心思想是不仅要关注学生们在学校中要学习的知识，而且要关注他们在不同年龄有可能提出的问题。诸如'我们是从哪里来的''为什么天空是蓝色的'和'最小的物质是什么'一类的问题可以引起学生的兴趣。围绕这样的问题来拟定课程大纲，有助于老师把相关知识和要点教给学生。"

提问题、定义问题和根据证据参与讨论是《美国新一代科学教育标准》的核心实践。这远远不是要让孩子"脱离功课"，而是用课上的时间去培养他们的好奇心，帮助他们收集和讨论问题，在课堂上进行辩论，这将帮学生巩固概念。这些经历将有助于学生思考和学习不同课程之间的联系，也会增强他们的学术能力。

◎ 本章中的活动、策略和实践满足的标准

美国国家科学教育标准

当参与探究的时候，学生们应对对象和事件做出描述，提出问题，做出解释，根据当前的科学知识检验自己的解释，并与他人交流自己的想法。他们应证实自己的假设，用批判性和逻辑性思维考虑其他解释的可能性。这样，通过把科学知识与推理能力、思维能力相结合，学生们可以积极地加深自己对科学的理解。

美国新一代科学教育标准

学科教育的核心理念是把从幼儿园到十二年级科学学习的课程大纲、教学内容以及评估聚焦于科学课程中最重要的方面。因此，学科教育中教授的学科概念应满足以下标准中的至少2个，最理想的情况是4个都满足：

★ 是多种科学学科或者工程学科中的重要概念，或是某个学科知识结构中的关键概念。

★ 为理解和研究更复杂的概念或解决问题提供关键的工具。

★ 与学生的兴趣和生活经历有关，或与涉及科学或技术知识的社会问题或个人问题有关。

★ 可以被教授和学习，随着年级的增长，深度和复杂性逐级递增。

"学科概念"主要涉及4个领域：物理科学、生命科学、地球和空间科学、工程技术及科学的应用。

资源扩展

麻省理工学院用于K-12科学教育的视频：

www.k12videos.mit.edu/videos

麻省理工学院开发"道德机器"，帮助解决无人驾驶汽车面临的选择难题：http://moralmachine.mit.edu

适用于所有年龄段教学的"反常事件"：http://scienceing.com/list-discrepant-event-science-activities-8018044.html

南方贫困法律中心的《提倡宽容》(*Teaching Tolerance*)档案中的"社会正义工具包"中探讨的各种科学话题：www.tolerance.org/toolkit/toolkit-just-science

全国科学教师协会提出的可以在五到八年级使用的类比：www.nsta.rog/publications/news/story.aspx?id=53640

TED上适用于所有年龄段的科学概念和科学问题的视频：http://ed.ted.com/lessons?category=science-technology

第八章

把提问应用到数学教育中去

> 在我看来，自然界的一切事物都是以数学的形式发生的。
>
> ——勒内·笛卡尔（René Descartes）

有一颗用冰块包装、现在正在运送路上的心脏，你有30分钟做出决定谁将得到这颗被捐献的心脏。你有多个选项：苏珊，一个单亲妈妈，她有4个年龄在1岁到8岁之间的孩子，目前靠政府救济来满足生活需求；阿迈勒，一个年轻单身汉，军事战略专家；本，一位有先天性心脏疾病的中学生；托尼，一位获得过诺贝尔文学奖的年长女性；名单上还有另外3个人。你和你的医疗道德小团队必须从中选出一位来准备接受手术。如果不能被植入心脏，他们都会因为心脏问题而面临生命危险。

这个问题出现在谢尔比·阿伯格（Shelby Aaberg）的预科微积分和三角法课上。阿伯格是2015年内布拉斯加州年度教师，也是数学和科学教学的总统优秀奖获得者，他想让学生通过数学这个透镜来理解他们周围的世界，而不再只停留在简单的计算表面。年初，他把器官移植的困境写在黑板上，想要用这个问题告诉学生：他们在课堂上学习的内容将不再只是枯燥的数字，在他们完成学习时，可以将在课堂上学到的东西应用到课堂以外任何地方。迫于时间的压力，小组中的学生要在应该把器官移植给谁的问题上做出抉择。在回答这个问题时，学生要面对真实生活中的纠结，要权衡器官移植困境中的各方力量，无法轻易得出简单的结论。

"这告诉学生们：不了解一个事物并不可怕，没关系，"阿伯格告诉我，"在学校的太多时候，我们过于强调让学生做练习，而那些通常是学生已经掌握了的东西。我们反复评估孩子已经知道的东西，但真正的问题其实是那些你也不知道该怎么做的事情。"

阿伯格认为，困境是更加考验人智慧、更加耐人寻味的谜题，学生需要在教室里做更多相关的练习。"生活和工作就是要找到困境中的最优选择。人生中，有很多时候，你可能无法解决那些问题，所以你就要在所有选项中找到最优的选项，继续前行。在学生以后的人生中会面对很多艰难的道德选择，我们怎么有效地帮学生做好准备以应对将来的世界呢？比如器官交易市场、能够培植活体组织的技术等。仅仅因为亿万富翁可以负担得起器官移植，他们就可以得到无限量的肝脏吗？当我们被迫放弃这个星球的时候，我们会发现什么？"

在现实生活中，有许多问题需要学生用数学解决，那么如何创造出一种致力于解决现实问题的高效文化呢？本章针对这一问题列举了指导性的建议。这里列举的老师都选择了寻求戴维·珀金斯（David Perkins）所认为的"有人生价值的"数学课程大纲。

几乎所有的人都会学习二次方程，但很少有人会用到它们，几乎

没有人在课堂之外用它们。这听起来令人不适，却是事实。二次方程的
题目在学校中存在的意义，很大程度上是训练下一代的老师继续教授二
次方程。

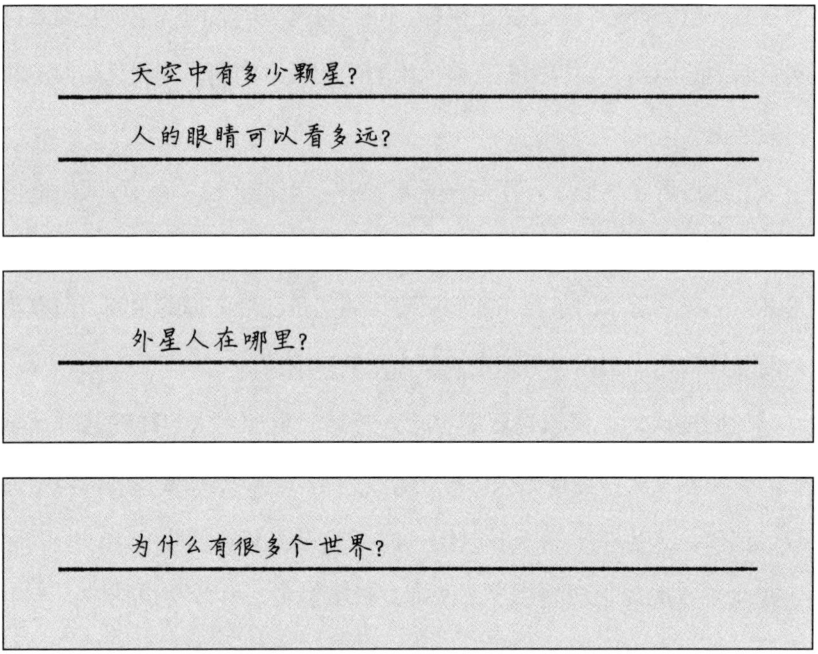

天空中有多少颗星？

人的眼睛可以看多远？

外星人在哪里？

为什么有很多个世界？

图8.1 小学低年级学生和初中学生的问题

表8.1 数学教育的引领者

谢尔比·阿伯格（Shelby Aaberg）

2015年内布拉斯加州年度教师

2013年数学和科学教学总统优秀奖

内布拉斯加斯科茨布拉夫市，斯科茨布拉夫高级中学

教授科目：大学预修统计学、微积分/三角法、几何学、科学技术教育与数学

推特：@ShelbyAaberg

肖恩·希恩（Shawn Sheehan）

2016年美国国家教师

2016年俄克拉何马州年度教师

得克萨斯州路易斯维尔市，路易斯维尔高级中学哈蒙校区

教授科目：微积分1

YouTube频道："像我一样教书"（Teach Like Me）：
www.youtube.com/user/TeachLikeMeCampaign

推特：@SPSheehan

何塞·路易斯·威尔逊（Jose Luis Vilson）

EduColor 的创始人

《这不是考试》（*This is Not a Test*）的作者

纽约州纽约市，因伍德/华盛顿高地初级中学

教授科目：数学

推特：@The JLV

个人网站：https://thejosevilson.com

玛丽埃尔·诺瓦斯（Mariel Novas）

美国教师领导力发展管理人员

马萨诸塞州多彻斯特市，蕾拉·G.弗瑞德列克飞行员初级中学

曾教授六至八年级的非母语学习者英语和数学

◎ 有关数学课堂的4个启发性观点

1. 数学帮助我们理解政治力量

希恩：我总是努力谈论那些不为人知的统计数据，或者是那些据我所知，我的学生和他们的家庭、社区普遍不感兴趣的统计数据。如果我们仅仅是看到这样一个数据：40%的叙利亚人口在23岁以下，我们并没有真正理解这一事实及其真正含义。我们会花很多时间来思考如何让杜特兰在金州勇士队投进三分。但日本人的寿命是叙利亚人的2倍，这意味着什么呢？我们会根据统计数据做出决定。统计数据会告诉我们某事是否真的存在问题。

阿伯格：看看"多边形的寓言"——这是我在课堂上使用的一个模拟器，它通过放置不同形状模块的简单规则来展示"隔离"是怎么一回事。我把它挂起来，让它自己运作。他们很快就看到了这个看起来很简单的东西是怎样运作的。他们看到关于模块应是怎样形状的规定影响着其他的模块，这是我们想让他们理解的，并且希望他们可以联系我们国家的现状。关于人们生存的决定也遵循相同的游戏规则。

2. 仅仅做练习是不够的

诺瓦斯：我在第二年使用的问题更加概念化。我们总是把问题表述为只能找到一种解决方案，但这不是数学的目的。数学的目的是探索和发现。"你会怎样证明这一点？""你有没有其他的解决方法？"它不只是56除以7等于8的问题，更多的是你有多少种方法表示它的问题。它强调过程大于结果。我有很多学生，他们并没有掌握所有的数学知识，但他们仍然能够参与进来，展现他们的天赋。这取决于他们的思维能力。

死记硬背对你的大脑没有任何好处。数学是一种思维方式的实践，它可以用来解决任何问题，它会教你思考多种备选方案。我试图用一种与我所学的相反的方式来教学。我并没有把测试当作指向标。我确定的标准跨越了3个层次，而不只停留在一个层次上。虽然只有2个部分，但有3个层次，因为我想使我的教学最大化。我们要制订合适的教学计划，以便将这些多层次的标准传授给每个学生，然后为某一具体标准制订更精细的计划。这样就可以在课堂中创造卓越的文化，我可以帮助学生们学到他们需要的，又没有逼迫他们去做超出他们能力的事，同时也容许那些想深入下去的学生继续学习。

我的目标是加深学生理解的深度，而不是应付测试。我想让他们更深入地理解比率、比价和比例。我也有意识地让课程难度实现螺旋式的上升。这是学校历史上首次（在马萨诸塞州考试中）新来的英语语言学习者的班级取得高分，同时，在这个过程中，每个人都成长了。第二年，我们采用了完全相同的模式。我专注于如何处理开放式的问题以及开放式的回答，我认为这样有助于他们更快地进步。

3. 教学生如何提出疑问

威尔逊：有些人认为，考试也许是最公平的事，因为他们并没有看到考试是一种文化的反映或社会的反映。考试应该是非常标准的，应该是没有偏见的，它会直接告诉你学生知道什么，学生不知道什么。但我们知道，现实并非如此。它和我对待学生和学生学习的理念背道而驰。我的回答十分简单：你是为了考试而教学吗？如果是，考试准确地反映出了你所教的一切吗？如果不是，那你教的是什么？你教的是谁？

我认为我们的社会还无法接纳一群提出质疑的人。这也是为什么我们有很多处于底层的学生从小没有被教导如何提出疑问，而那些特权阶层却可以提问的原因。

罗伯特·摩斯（Robert Moses）最近说，即使只是把数学教好，也是一种社会正义的形式，因为我们的目的并不是"只把某些学生教好"。有一种社会正义的形式是，你尽力公平地教给学生更高深的、更难的数学，而不仅仅是浅层次的数学。

学习科学计数法让很多学生对科学是如何真正运作的，甚至数字是如何与航天学和工程学联系起来的丧失了兴趣。我们的学生往往无法接触这些概念，因为有人说，"哇，那太复杂了。他们永远不会懂"。但很长时间以来，我的学生们正在试图找出处理这些数字的方法来确定他们之间的差异，然后利用这些数据来创建一个比例模型。他们创建的课堂项目，我的很多同事曾说我的学生做不出来，因为它太高深、太紧张，花的时间也太长。

我对学习的意义很好奇。我们应如何提出问题，如果一个学生能够在数学以外的地方，在外部世界提出问题，那会是什么样子。不是问我日常生活需要哪些日用品，而是提出为什么它是这样构成的之类的问题，或是用数学去看待一些社区内的更深层次问题。这更像是一个社会正义问题，让学生真正能够在课堂提出好问题，然后用相同的方式在课堂以外的地方也提出好问题。

4. 教概念而不是灌输事实

诺瓦斯： 每个月，我在黑板上都会提出一个哲学问题，有时与数学有关，有时无关。我认为，把学生的声音放在首要位置是很重要的。这样我会看到，一个非常棒的问题会带来一些很棒的想法，所以我们开始在每周五举行"社区一小时"活动，这项活动很灵活，可以用来回应学生们的心中所想。我相信他们拥有天赋。然后我们会尽力地思考数学，在课堂之外思考它。在我们的文化中有许多离奇的传说、故事以及谚语，它们大多数是由来自波多黎各或多米尼加共和国的加勒比人和多米尼加人带来的。我稍加改动，做了一些基本的问题。我会用故事开始新单元，通常在周一我会编造一些离奇的故事作为开始，让学生们以为是真实的生活，但故事后来变得越来越疯狂，而且里面嵌入了一个我们将要学习的数学难题。例如，我编了这样一个"曼古（Mangu）"的故事。"曼古"是一种多米尼加食物，就像是大蕉泥，里面有腊肠、鸡蛋、洋葱和奶酪，非常好吃。我们当时正在学习分组与整除，我就说我们将举办一个曼古派对，我要把每种配料都准备好，足够给班上的每个人都做一盘。那么我要花多少钱买东西来举办这个派对呢？我必须做什么？我应采取的策略是什么？应采用的方法是什么？你是怎么看待这个问题的？这就是元认知，它可以被运用到其他领域。

教案8.1
应用在数学教育中的分级问题和大问题

早教文本：《大象的正确数量》（*The Right Number of Elephants*）（1993），杰夫·谢泼德（Jeff Sheppard）著

内容总结：通过反复回答问题：大象的正确数量是多少？小孩子可以练习数数的概念。

一级：马戏团中大象的数量是多少？

二级：作者说两只大象可以让一个小孩荡秋千，两只大象还能帮人玩什么游戏？

三级（用于辩论/讨论）：一个人应该有多少个朋友，你为什么会这么认为？

小学生文本：《它大概是彭尼》（*It's Probably Penny*）（2007），劳伦·利迪（Lareen Leedy）著

内容总结：丽莎要在她的作业中想出一件会发生的事，一件可能发生的事，以及一件不可能发生的事。这个故事可以帮助学生理解概率论。

一级：一组什么样的软糖会让杰森先生无法选择一个绿色的软糖？

二级：丽莎说彭尼在海滩挖到百宝箱的可能性很小，但如果彭尼去海滩，她会找到什么？

三级（用于辩论/讨论）：你知道什么事肯定发生？什么事可能发

生？什么事不可能发生？你为什么知道？

初中生文本：《万物运转的秘密》(*The Way Things Work Now: From Levers to Lases, Windmills to Wi-Fi, A Visual Guide to the World of Mchines*)（2016），戴维·麦考利（David Macauley）著

内容总结：这本书图文并茂、幽默风趣地解释了物理学，帮助学生理解数学和科学是如何共同创造出如此之多的科技产品的。

一级：什么是二进制数？

二级：你认为书中哪两项发明对我们的生活最重要？为什么？

三级（用于辩论或讨论）：是否会有一种像人类那样思考和行动的机器？如果有，它是否应该得到和人类一样的待遇？

高中生文本：《信息是美丽的》(*Information Is Beautiful*)（2016），戴维·麦坎得利斯（David McCandless）著

（如果你找不到这本书，可以访问同名网站，上面有很多例子和动画）

内容总结：这本书中关于统计、百分比、比率和其他数字的设计引人入胜，它可以作为数据可视化的入门书籍，学生可以把它作为设计自己数字信息图的灵感。

一级：根据"平均幸福"信息图，哪个国家的快乐人口比例最高？

二级：在"小题大做"的图表中，信息的可视化表现形式如何帮助你理解一个故事的内容和它是否有可能走红的关系？

三级（用于辩论/讨论）：我们怎么确定一些事情是真实的，特别是

我们没有亲眼见到的事物（有的移动速度太快，我们无法看见，例如蜂鸟翅膀的一次扇动；有的速度太慢，例如花的盛开；有的是无形的，例如Wi-Fi）?

听说扩展

★ 降低联邦企业所得税税率能创造就业机会吗？

★ 梦幻体育应该被视为一种赌博形式吗？还是仅仅是对统计数据的创造性运用？

★ 像比特币这样的加密货币会取代传统货币吗？

★ 买车和租车，哪个更明智？

★ 彩票是道德的吗？

★ 我们应该试着节约能源吗？这真的有作用吗？

学术写作练习扩展

学生完成一篇辩论反思报告。

◎ 本章中的活动、策略和实践满足的标准

美国数学教师协会（2018）

★ **平等**。卓越的数学教育应是平等的，对所有学生都抱有高期待，并提供强大的支持。

★ **课程**。课程应不仅仅是活动的汇集，它必须是连贯的，关注解决重要的数学问题，对各年级要学习的知识有明确的表达。

★ **学习**。学生们必须靠理解来学习数学，积极从经验和背景知

识中建构新知识。

* **评估**。评估应该支持学习重要的数学知识，为老师和学生提供有用的信息。

* **解决在数学和其他领域中出现的问题。**

* **认识并利用数学观点之间的联系。**

* **在数学以外的语境中认识和应用数学。**

> 我数学不好，这是社会上很多人都持有的一种想法，尤其是有色人种和女性，他们已经将这种观点内化。它阻止你学习更复杂的数学，也阻止你从事特定的职业。我们应该尽力消除孩子的那种恐惧。数学应该被他们的问题所驱动。
>
> ——玛丽埃尔·诺瓦斯（Mariel Novas）

美国大学入学及职业准备数学标准

《美国大学入学及职业准备数学标准》要求学生将数学的各分支与其他学科、情境和问题联系起来，与"自然、真实世界的情境和日常生活"联系起来。

资源扩展

尼基·凯斯（Nicky Case）的网站帮学生通过游戏探索数学：

http://exploreable.es/math

麻省理工学院开发"道德机器"，帮助解决无人驾驶汽车面临的选择

难题：http://moralmachine.mit.edu

可用于思辨困境的资源：

www.friesian.com/valley/dilemmas.htm(经典)

www.goodcharacter.com-dilemma-archive.html (学生)

更多关于托马斯·谢林（Thomas Schelling）的"去公理化"模型（"多

边形的寓言"游戏的基础）：

http://nifty.standford.edu/2014/mccown-schelling-model-

segregation

从社会公正的角度教授数学：www.radicalmath.org

TED上适用于各年龄阶段的数学概念和教学问题的视频：

http://ed.ted.com/lessons?category=mathemactics

第九章

把提问应用到人文社会科学
教育中去

> 没有什么比过去的知识更能让人修正自己的行为。
>
> ——波利比乌斯（Polybius）

"为什么人们总是对自己不了解的事物充满偏见？"在分享自己内心深处的问题时，一个二年级的孩子问道。她的问题是关于正义、种族、权利和关系的问题。学者们同样关注她关心的问题，研究人员更把研究种族偏好作为哈佛大学的"内隐态度"研究项目。

正义是一个让我们思考人们之间的联系和隔阂的概念。从更广泛的意义上说，历史学、政府研究和社会学科为我们提供了一个框架，用这个框架来考虑我们与彼此之间、与前人之间以及与我们可能变成的人之间的联系。思考群体如何以创造性或破坏性的方式聚集在一起，尤其是围绕种族和阶级聚集在一起，会自然地引发学生的兴趣。对于那些在日常生活中遭受过敌意的，并生活在破裂关系中的儿童尤其如此。

即便是很小的孩子，他们的游戏也是从建立某种规则或指导开始的。当感到受虐待时，他们会求助于权威。这就表示他们认为世界上有更大的权力、有公平的标准，他们有上诉的权利。尼尔森·曼德拉（Nelson Mandela）曾经在回答一个二年级学生提出的问题时说，如果孩子们能够被教导去憎恨，那么他们也能够被教导去爱。

社会研究、文化研究以及历史研究经常是研究一群人出了什么问题。这些研究涉及地理学、经济学、社会学甚至心理学等学科，它们的目的是了解人们，了解人们如何生活，了解人们在世界上的位置，帮助我们成为更好的人。斯坦福大学对人文学科的定义很简洁，即分析"人们如何处理和记录人类经验"。

内特·鲍林教大学预修课中的政府研究，贾哈娜·海耶斯（Jahana Hayes）教历史，西德妮·查菲（Sydney Chaffee）教人文课程，3位老师从人际关系的角度将他们的教学内容带入生活。他们希望学生看到，历史是不断变化的，研究历史就是研究我们如何对待彼此，对待那些与我们不同的人，尤其是不同种族的人。他们倾向于从学生的问题中引出对困难问题的思索。

查菲说："我把很多没有正确答案的东西放到他们面前，问他们是怎么想的，他们有什么问题。"

> 通常，在我的课堂上，我总是问这几个问题：这告诉我们什么？它如何与我们已知的东西联系起来？为什么这对于我们公民和个人很重要？这些问题在课堂上推动着我们的讨论。
>
> ——内特·鲍林

她说："例如，当我们了解了波多黎各，了解了波多黎各和美国的历史时，我们会思考这样一个问题：这种关系是正确的吗？两国关系应该是什么样的？作为一名教师，给他们时间思考、写作和阅读这些没有正确答案的大问题，对我来说真的很重要。"

学生问的一些问题正呼应了社会研究主题间的联系（见图9.1）。

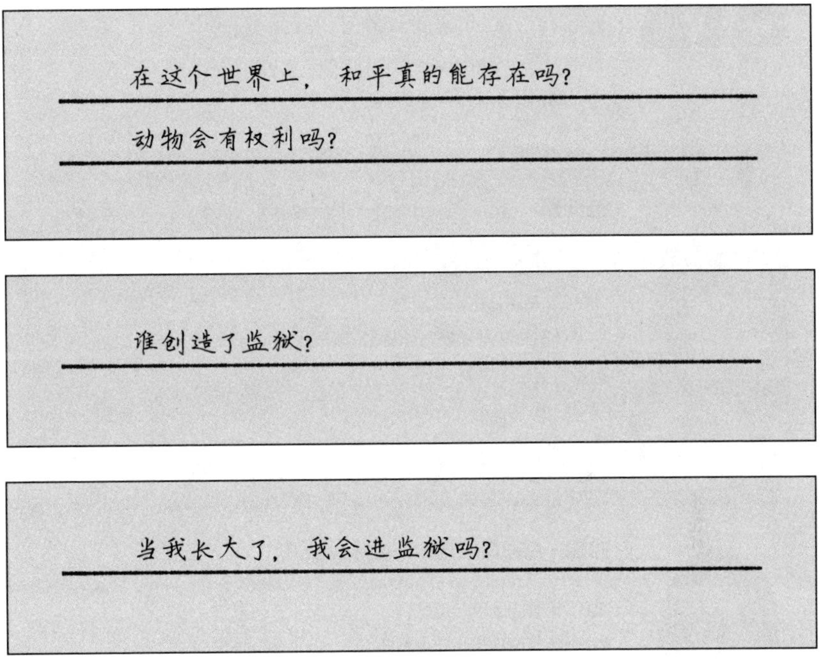

在这个世界上，和平真的能存在吗？

动物会有权利吗？

谁创造了监狱？

当我长大了，我会进监狱吗？

图9.1 小学学生和高中学生的问题

表9.1 人文社会科学教育的引领者

内森·鲍林（Nate Bowling）

2016年美国国家年度教师提名

2016年华盛顿州年度教师

2013 年密尔肯教育家

华盛顿州塔科马市，林肯高中

教授科目：大学预修政府研究与大学预修人文地理

推特：@nate_bowling

个人网站：www.natebowling.com

西德妮·查菲（Sydney Chaffee）

2017年美国国家年度教师

2017年马萨诸塞州年度教师

马萨诸塞州多彻斯特市，科德曼学院

教授科目：人文科学

推特：@SydneyChaffee

个人网站：www.szdnezchaffee.com

哈娜·海耶斯（Jahana Hayes）

2015年美国国家年度教师

2016年康涅狄格州年度教师

康涅狄格州沃特伯里市，肯尼迪高级中学

教授科目：历史

推特：@JahanaHayes

你可以将这些问题与本章末尾的国家社会研究委员会提出的人文学科十大主题所建议的问题进行比较。

◎ 有关人文社会科学课堂的4个启发性观点

1. 把教学内容与学生的生活联系起来

鲍林：当学生走进我的课堂时，会看到黑板上面的信息，它可能是一条从新闻或推特中摘出的引语，这些都与他们前一天晚上读到的内容有关。我们要做的是让我们所学的东西有意义，让它与学生们已经知道的东西联系起来。我几乎每堂课都以一个情景化的、引人争议的观点开始，例如政府的权力。联邦政府和州政府是否有权剥夺你的生命、自由和财产，决定你可以跟谁结婚或不可以跟谁结婚，决定你是否可以在军队服役。

我们花了一些时间来讨论这样一个问题：杀死迈克·布朗①与《第十四条修正案》②有何关联？是的，有关联，因为我们理应受到法律平等的保护。他得到平等的保护了吗？这与种族隔离的历史有关，与警察暴力有关，与毒品战争有关，与大规模监禁有关，与种族隔离的历史遗留问题和奴隶制有关。这个问题不是一个孤立的事件，它可以是整堂课的讨论。

海耶斯：当夏洛茨维尔事件③发生时，我开始考虑纪念碑的问题。我们如何评价他们？移除一座纪念碑是否合适？我们怎样才能把这变成

---

① 迈克·布朗（Michael Brown）是一名非洲裔美国人，2014年8月9日，在弗格森地区被白人警官枪杀身亡。美国因此爆发了多场抗议、游行示威活动。

② 《美利坚合众国宪法第十四条修正案》于1868年7月9日颁布，有"第二制宪"之说，它涉及公民权利和平等法律保护，最初提出是为了解决南北战争后昔日奴隶的相关问题。

③ 夏洛茨维尔市政府此前决定移除市中心一尊南北战争时期南方将军罗伯特·李（Robert Lee）的雕像，由此引发了一场暴力冲突事件，造成至少3人死亡、34人受伤。

一个教学的契机？我的几个同事说："我永远也做不到。我不希望孩子们在课上争吵。"课堂是孩子们获取正确信息的地方，是你监督讨论的地方。你要确保它是尊重人的，并且各方声音都可以被听到。如果我们不能在课堂上有批评话语，如果孩子们在这里不能安全地讨论这些事，他们将来怎么在世界上去讨论呢？

人们害怕谈论让人不舒服的话题，或者教授一些比较难的观念，尤其是现在。我的职业生涯是从教授美国历史开始的。在最初的6个月里，我谈到了奴隶制。这对我来说非常不舒服。但我必须学会以一种少关注自我、多关注更大的方面的方式来教授它——真正帮助孩子们理解，在那个时代、那个地方，人们相信这是应做的正确的事。当我们学习历史时，我们会接触到各种各样的事件和思想。在某些时候，在某些地方，人们相信他们在做正确的事情。对此感到不舒服的老师是那些专注于记忆事实，却不退一步问问自己这些信息的价值的人。

2. 通过角色扮演帮助学生学习

查菲：我们重新还原了真相与和解委员会（TRC）的创建过程，它曾在南非被用于为被谋杀的反种族隔离制度活动人士史蒂夫·比科（Steve Biko）伸张正义。真相与和解委员会是一个旨在恢复司法的小组，是南非新政府在种族隔离制度结束后成立的，目的是让受害者能够与虐待他们的人对峙，以此寻求正义。我们整个过程最大的问题是，什么是正义？

学生们进行了研究，尽可能地了解案件和当事人。一些学生扮演律师，一些学生扮演证人，他们一起写问题，写证人陈述，构想交叉提问。在听证会当天，我们有真正的听众，从社区来的人们作为旁听者来旁听这个案例。我要求学生们思考，根据听证会中没有说出口的东西做出推断——在没有客观真理的情况下尽力找出真相。他们马上投入去做。看着他们簇拥在桌子前，面前是令人难以置信的复杂文字，他们拿着荧光笔，用颜色编码，互相讨论，努力找出答案，这是我见到过的精彩的场面。

3. 工作的人就是学习的人

鲍林： 在我的职业生涯中，我一直认为最难的事情是提问，所以我出试题要花很长时间。课堂上的对话也进行得不太顺利。我越来越善于提出更大、更具哲学性的问题。由于对学生的认知有了更高的要求，因此我也需要他们更多地参与课堂。说话的学生一定是在思考的学生。简单的问题并不会引发讨论或思考。简单的问题带来简单的答案和浅显的理解。我试着尽可能频繁地用复杂的问题、微妙的问题以及能够体现并挖掘教学内容的问题，去影响他们的日常生活。

海耶斯： 我们总是回到这个话题：这个社区有什么问题？如何用我们所学的知识应对这种情况？我们如何把它应用到我们这个社区的问题上呢？我从历史的角度介绍了这一课，但我们所做的其他一切都是从现代的角度。我的学生们能够以史为鉴，举一反三。所以，在进行服务学习的同时，我们也谈论二战后的住房和城市发展，我会通过这种方式让孩子们走进不同的社区。我们会看城市地图，看看不同的街区是如何排列的，这些都与历史息息相关。

4. 坚持有意义的教学

鲍林： 当人们谈论工作时，其实是谈论他们必须达到多少标准，也就是"如何控制住局面"。当教学有意义时，学生学习时的参与度就会提高。当教学与他们生活中的真实事件联系在一起时，才是最有意义的。只在嘴上说"我不想在教室讨论种族"是胡扯，因为教室里每天都有各个种族的学生。白人女老师教授有色人种学生，这在许多学校很常见。有色人种并不是生来就会魔法，懂秘术，了解各个种族的知识。虽然谈论种族对我来说也很困难，但我还是坚持在教室里谈论它。我并不是要求别人也一定要这么做，但我这样做的结果不言自明。

> 我们必须改变我们的教学方式，从根本上改变它。如果我在学校里学习，也会觉得很无聊。看了我的女儿是如何学大学预修的美国历史课程之后，我打退堂鼓了。我们用这些课程扼杀了孩子们对社会研究的兴趣。我过去会跟女儿在家讨论历史，她当时很喜欢，在学校学习历史后又开始讨厌它。这不是老师的错，他们也许感到同样无聊，这是整个学术体制的问题。
>
> ——瑞沃西·巴拉克丽山娜（Bevathi Balarkrishnan），圆石独立校区优资专家

对我来说，谈论种族很艰难，也很有挑战性，并不会让我感到身心愉悦。如果你难以克服职业中的困难，你可以放弃这个职业。我们正在帮学生为今后困难的生活做好准备。他们未来的生活并不会建立在学习目标、学习标准和能力测试结果之上。生活是复杂的，我们需要让他们学会如何处理与他们观点相反的意见，如何应对高压力的环境等。这就是推动学生参与学习的原因。没有人能通过做简单的事情变好，做艰难的事情才会让

你变得更好。

查菲：我的很多学生的阅读水平比同年级学生的水平低，完全不能写出一篇令人信服的议论文。我想帮他们提高阅读水平，但我不会通过背诵文章模板和反复记忆实现它。我想用与他们的生活真正相关的课程大纲和有趣的问题来激发他们的能力。很多人不是为了考试而教学，就是为了做项目而教学，这让我感到很抓狂。你真正需要教给学生的是技能，帮他们发展技能，这些技能可以帮助他们完成项目，应对考试。这就是我们这么做的原因。

海耶斯：不同的时期会有不同的标准。但当你从更广泛的意义上看待标准时，你会发现好的标准可以被应用于任何时期。我更关注对人的影响。我总是用历史的眼光来看待现在发生的事情。让我们超越历史，找到历史与当下的连接。

它总是与历史对人的影响有关。你可以把它从标准中抽出来。有些人看标准，他们只是从字面上解读。当你解构它们时，你会发现标准与时间的关系并不紧密。一个好标准可以被应用到各个时期。这涉及如何应用信息，而不仅仅是了解它而已。

教案9.1
应用在人文社会科学教育中的分级问题和大问题

早教文本：《世界各地的灰姑娘的故事：4个受喜爱的故事》（*Cinderella Stories Around the World: 4 Beloved Tales*）（2014），凯瑞·迈

斯特（Cari Meister）著

内容总结：在这本短小易懂的书中，孩子们可以对比加拿大、中国、埃及和法国4个版本的"灰姑娘"的故事的异同。

一级：这与"小红脸"以及"叶限"的故事有什么相同点？有什么不同点？

二级：为什么每个故事中的人物对小孩都很刻薄？

三级（用于辩论/讨论）：了解一个人的故事会对你对那个人的关心产生怎样的帮助？

小学生文本：《全面了解亚伯拉罕·林肯的智慧》（*Abe Lincoln：His Wit and Wisdom From A-Z*）（2016），艾伦·施罗德（Alan Schroeder）著

内容总结：这是一本按照字母顺序排列的书，通过我们第16任总统的生活来看历史，对学生们创作传记有很好的指导意义。

一级：林肯总统曾经说"这件事将会让人们记得我曾经活过"，他做了什么事？

二级：林肯总统生活的年代离我们已经很遥远了，今天我们为什么还在研究他的人生？

三级（用于辩论/讨论）：为什么奴隶制在世界上的不同地方依然存在？

中学文本：《裱框的照片：重新看世界上最令人难忘的照片》（*Photos Framed：A Fresh Look at the World's Most Memorable Photographs*）（2014），露丝·汤姆森（Ruth Thomson）著

内容总结：书中有27张最经典的照片，主题包括肖像、自然、艺术和纪实，你可以邀请学生对这些第一手资料进行讨论。

一级：在肖像部分，哪些细节是每张照片共有的？

二级：为什么手持玩具的阿富汗女孩和古巴女孩会被列为这本书中最难忘的照片？

三级（用于辩论或讨论）：我们对自己拍摄的人和事的选择如何反映我们看待自己和他人的方式？多萝西·朗格（Dorothea Lange）说："相机是一种工具，可以教人们如何看世界。"很多人都在拍照（有人估计，每年世界上会有超过一万亿张的照片），什么是值得关注的？

高中生文本：《前进：第三部》（*March: Book Three*）（2016），约翰·刘易斯（John Lewis）和安德鲁·艾丁（Andrew Aydin）著

内容总结：这本书是国会议员对民权时代的第一手叙述，让复杂的历史事实变得清晰易懂，同时也表达了人们对于公民身份的情感诉求。

一级：在亚拉巴马州的达拉斯县，有多少非裔美国成年人被登记投票？当他们试图登记投票时，他们被要求做什么？

二级：为什么范妮·鲁哈默（Fannie Lou Hamer）和约翰·刘易斯（John Lewis）在被州和地方警察打压后仍继续参与民权运动？

三级（用于辩论/讨论）：什么事情足够重要可以使你愿意为之承受痛苦？恐惧和正义的关系是什么？

听说扩展

★ 那些在未成年时犯罪的人应该被判死刑吗？

★ 如何确保一项规定是公平的？

★ 是否可以使用暴力？

★ 作为一种防止恐怖活动的方式，联邦政府是否应该有权查看你的电子邮件、借书记录和其他个人信息？他们是否应该有权解锁你的手机？

★ 美国是否应该向澳大利亚学习，对那些已经登记投票，但不投票的人进行罚款？

★ 在体育运动中，与土著文化相关的昵称和吉祥物应该被禁止吗？

★ 父母应该因为孩子的错误而受到惩罚吗？

学术写作练习扩展

学生完成一篇辩论反思报告。

◎ 本章中的活动、策略和实践满足的标准

美国国家委员会列出的社会研究标准

公民能力建立在对民主价值的追求之上，公民要掌握有关社区、国家和世界的知识，具备调查、数据收集、数据分析、合作、决策和问题解决的能力。

大学、职业和公民生活（C3）社会研究框架国家标准概述：

★ 社会研究应保持学科的完整性，同时积极使用跨学科的研究方法。

★ 社会研究应该将使用学科的概念和技能，实现深入且持久的理解摆在优先的位置。

美国国家委员会列出的社会研究的10个主题及相关问题

文化：什么是文化？文化在人类和社会发展中起什么作用？各种文化的共同特征是什么？

时间、连续性和变化：我们如何了解过去？我们如何评价不同历史资料的有用性和可靠性？我们的社会、政治和经济制度的根源是什么？

人、地方和环境：为什么人们决定住在他们现在生活的地方或者搬去其他地方？为什么地点很重要？人们如何与环境互动，这些互动的结果是什么？

个人的发展与身份：个人如何在身体、情感和智力方面成长和改变？为什么个人会有这样的行为？是什么影响了人们的学习、感知和成长？

个人、团体和机构：机构在这个社会和其他社会扮演什么角色？我如何受到机构的影响？机构是如何变化的？

权力、权威和统治：在什么情况下行使政治权力是合法的？权威的适当范围和限制是什么？个人权利如何得到保护？个人权利如何受到挑战？

生产、分配和消费：商品和服务是如何分配的？分配给谁？解决资源短缺的最好方法是什么？全球化是如何影响当地经济和社会体系的？

科学、技术和社会：我们如何应对技术可能失控的现实？我们如何管理技术，使之能让大多数人受益？在由技术连接的地球村中，如何保护我们基本的价值观和利益？

全球联系：与全球联系相关的益处和问题分别是什么？世界不同地区的人们会如何看待与之相关的益处和问题？全球不同地区越来越互相依赖，这对国际迁移的格局产生了怎样的影响？

公民理想与实践：权利与义务如何平衡？公民在社区、国家和国际社会中的职责是什么？

资源扩展

安能博格基金会为K-5教师举办的行动方法研讨会（但对所有的社会研究教师都很有用），研讨会从探究开始：www.learner.org/workshops/socialstudies/session 1/index.html

尼基·凯斯的网站对投票、选区划分不公、种族隔离制度等主题进行探讨：http://ncase.me

加拿大《印度族裔寄宿学校学生矛盾调解指南》，其中包括学生活动介绍：www.fnesc.ca/wp/wp-content/uploads/2015/07/PUB-LEP-IRSR-10-2015-07-WEB.pdf

对于中学生的"南非的真相与和解"课程计划：

www.ncpublicscholls.org/docs/curriculum/socialstudeis/middlegrades/africa/sourthafricanlesson5.pdf

斯坦福大学的"像历史学家一样阅读"的探究模型和课程：http://sheg.standord.edu/?q=node/45

第十章

把提问应用到艺术教育中去

> 艺术的目的不是要表现事物的外表，而是要表现事物的内在意义。
>
> ——亚里士多德

优秀的老师会将真理写在你心里，那是环境无法抹去的。对我来说，马歇尔·甘兹（Marshall Ganz）就是这样的老师。在他的课上，他教给我们一个我无法忘记的真理：在这个世界上，歌利亚很可能会赢，但大卫也有可能赢。[①]这个道理带给我们希望。当我深入思考这句话时，我认为这是一条激发创造力的真理。不管你通过什么进行创造，你都在为自己创造一种希望，一种你可以为世界创造一些东西的信念。对于那些整天忙于应付作业和准备考试的孩子们来说，这个想法就像大卫击败歌利亚一样激人奋进。

---

① 《圣经》中记载，歌利亚是传说中的著名巨人之一，作为腓力士将军，带兵进攻以色列军队，他拥有无穷的力量，所有人看到他都要退避三舍，不敢应战。最后，牧童大卫用投石弹弓打中歌利亚的脑袋，并割下他的首级。大卫日后统一以色列，成为著名的大卫王。

无论我们的教学内容是什么，老师都必须是艺术教育的倡导者。在某种程度上，我们剥夺了孩子们参与艺术活动的机会。尤其是当我们错误地认为我们需要用更多的时间和空间为"大学与职业准备"做准备时，我们削弱了他们在艺术道路上所展现出的韧性。创造是我们所能做的最深刻的人类行为。

实际上，我们创造美的能力是我们与机器的区别之一，也是保护我们不被机器人取代的原因之一。史蒂夫·乔布斯（Steve Jobs）在斯坦福大学的毕业典礼上说，他将苹果的设计理念灵感归功于他在大学上的书法课："它美丽、有历史感，艺术上的惊喜是科学所无法捕捉的，我觉得它很迷人。""这些几乎不可能在我的生活中得到实际应用。但十年后，当我们设计第一台苹果电脑时，它都回到了我这里。我们把它全部设计到Mac里面。"

除了和希望相关联，艺术也是一种跨越国家、年龄和能力的语言，它让我们抽象的经验具体化。通过运动、呼吸和声音，思想与身体最终相会。柏拉图（苏格拉底的学生）的学生亚里士多德把艺术看作帮我们把自己的内在变为外在的一种方式，它可以将我们情感的复杂特性表现出来。

我的女儿3岁开始弹钢琴，小学开始拉大提琴。她曾经对我说："妈妈，音乐让我可以表达一些我不能用语言来表达的东西。"这是真的，我也看到过。男孩们来上课时心里感到畏惧，他们通过画画来安抚自己。女孩们通过对对方唱歌，传递自己的快乐。

艺术是不同学科之间的桥梁，我认为它也是培养批判性思维的一种途径。在中国，当我在讲台上面对一群陌生的听众时，这个想法变得愈加清晰。

◎ 在中国的"特技"教学

2016年，中国济南的教育官员邀请我访问山东省。一开始，我以为我的角色是客座讲师。然而，主办方在我要去礼堂演讲的半个小时前找到我，问我是否可以做一个"示范课"。他解释说，他们已经在舞台上布置好了桌椅，有二十多个中学生会作为我届时"示范班"的学生。官员们想拍摄这一课，不管我教什么，他们都没问题。之后的一小时我可以进行我的主题演讲。

我像洗牌一样整理我的大脑，试图想出我到底要教学生什么。学生们理解英语的水平是中等，我从来没见过他们。在美国，有丰富教学经验的人也不可能有这种经历。在压力中，你会倾向于回到最根本的东西中去。如果哲学探究可以得到现实验证，我想，现在是时候了。

我一向都是通过故事、音乐或艺术作品来导入问题的，对于这次经历，我知道艺术作品会是我最好的选择。幸运的是，我之前一直在为乔治亚州的一次学术会议的演讲做准备，我记得我保存了一幅伦勃朗（Rembrandt）的画——《与天使摔跤的雅各布》（*Jacob Wrestling An Angel*）。我把那幅画放到大屏幕上，学生们迫不及待地跟我进行了一场苏格拉底式的讨论。

有一点特别值得注意，虽然我不得不向学生们提供天使和摔跤的英文，并向他们解释这些词，但他们能够表达出冲突、挣扎和对抗的中心思想。这让他们思考如何在生活中面对困难，从这幅画中学到了什么。然后学生们提出了这样的问题：是否允许犯错？我们应该为遇到困难而高兴吗？然后他们在速写板上回答了这些问题，并通过麦克风讲给观众听。

艺术跨越了我们所知和所感之间的鸿沟。艺术反映了我们的想法和认知。从某些方面讲，艺术是一种沉思，它会触及我们的灵魂和精神边界。艺术以一种其他学科无法做到的方式帮助我们理解我们思想、身体和精神交集的地方。艺术实践帮助我们发现日常生活的意义，并为之注入意义。艺术家们让我们感受到一些人所谓的"神圣的停顿"。

像教练教运动员认识什么是犯规、什么是防卫以及带他们实地操练一样，艺术老师训练学生聆听音乐、阅读剧本，教他们如何使用视觉语言和身体语言。他们必须同时教授技能和内容，鼓励学生们表达在戏剧、视觉艺术、音乐和舞蹈方面体验到的审美感受。在这方面，艺术老师支持孩子的全面发展。

表10.1 艺术教育的引领者

麦莉·库珀（Mairi Cooper）

2016年宾夕法尼亚州年度教师

宾夕法尼亚州匹斯堡市，福克斯查普尔区高级中学

教授课程：管弦乐队演奏、大学预修音乐理论、钢琴和世界音乐

推特：@patoy 2015

克里斯·格里森（Chris Gleason）

2017年美国国家年度教师提名

2017年威斯康星州年度教师

威斯康星州太阳草原市，帕特里克·马什初级中学

教授科目：乐队演奏、器乐演奏

推特：@GleasonCMP

西亚·基里亚卡科斯（Sia Kyriakakos）

2017年国家年度教师最终入围者

2017年马里兰州年度教师

马里兰州巴尔的摩市，默根特勒职业技术高级中学

教授科目：视觉艺术

推特：@SiaKyriakakos

照片墙：@siakyriakakos

◎ 有关艺术课堂的4个启发性观点

1. 艺术是引发提问的源泉

基里亚卡科斯：我试图了解如何去教这些孩子，他们几乎没有任何基础知识或艺术背景。他们甚至不懂如何欣赏美，也不知道从哪里开始。因为他们是青少年，所以我从自画像开始。我问的第一个问题是"我是

谁"，我得到了意外的答案。

他们是谁？来自巴尔的摩市的穷苦家庭的孩子。他们不知道，回到家的时候，家里是否有食物，甚至是否还有个家，父母是否还健在。然后他们开始探索"我是谁"这个问题。与彼此分享这个问题是非常难的，但这是一个开始创作艺术的极好的方式。然后再回想问题，看看这如何改变了他们：我是谁？我从哪里来？我想成为怎样的人？我想在哪里成为什么样的人？我怎样才能做到？那些成为我的问题。艺术引导自身在一个非常安全的空间里思考这些事情。我们可以谈论它们，并且探索其中的可能性。

因为从未有过艺术经历，他们从来没有学过相信自己的声音、能力、手和直觉。他们不知道如何让外面冲他们尖叫的声音安静下来。我们开始慢慢地把外在的世界推开，培育他们的内在世界。

> 我很少将学校看成帮助达到某种目的的地方，诸如教学生掌握读写能力、计算能力，让他们毕业，找到合适的工作等。我把它看成目的本身，孩子一周要在这个地方花很多时间，比在家里醒着的时间还多，在这里他们的身体、心灵和精神都应该感到很舒适。
>
> ——贾斯汀·明凯

艺术给了他们一个开始相信自己的机会。我跟他们在一起的时间只有3个月，我不知道他们在离开前是否真正做到了。这也给了他们一个机会去相信：有人在关心着他们。

2. 培养学生的同理心可以帮助他们自主探究

格里森：最后一年，我们学习了帕维尔·切斯诺科夫（Pavel Tchesnokov）的《救恩》（*Salvation Is Created*），这是我以前没有做过的。这是培养学生同理心的好工具。切斯诺科夫写了这首美丽的曲子，却从来没有听人演奏过。我问孩子们："你能相信这首美妙的曲子，他这辈子从未听人演奏过吗？"在我看来，孩子们可以从中学到非常有力的东西。事实上，我去年把这个当作我的总目标。校长想要提高数学成绩，我说那的确很重要，但我的目标是同理心。

他问我："你打算怎么教这个？"我向他解释了这段。他说："你打算怎么测试？"我说，这是个问题。我宁愿把目标定得高而失败，也不愿因为把目标定得低而成功。我不想只教音乐技术方面的东西，因为说到底，这有什么好处？我所说的高目标就是让每个孩子的同理心得到发展。

我女儿是盲人，视力受损，因为无法感同身受，你常常会把视力正常当作理所当然的事。所以我们做了一些事情，比如试着到饮水池蒙着眼睛喝水。这么做的目的是让他们站在其他人的角度进行换位思考，培养他们的同理心，让他们真正感受脆弱。最后是找一个他们不认识的人，跟他们度过一天的时间，真正获得同理心并且从他们的角度认识世界。

一些孩子们带回了和在阿富汗服役的叔叔的合影，一些孩子去了养老院，见到了各种各样的人，包括一些退伍军人，还见到了一个在本市非常重要的、住在养老院的退休商人。孩子们去YouTube找到了一些其他人表现同理心以及同理心如何强大的例子。从很多手工艺品也可以看出，人们对这件事有很多的思考和理解。

基里亚卡科斯：绘画是向内输出的过程，就像祈祷一样，这是一种正念。你在思考一幅作品，不知怎么它击中了你，那就是你。你是强有力的，你是美丽的。孩子们开始看到自己是多么美丽、多么强大。他们开始看见，开始相信。

我把他们的文字和肖像放在一起。当肖像画挂起来时，他们开始安静下来。大厅里的一切都静止了。他们开始看，开始读。

3. 学生可以通过艺术进行深度思考

库珀： 当谈论音乐的时候，我问他们，音乐是关于什么的。音乐和现在有关吗？我们应该演奏这首乐曲吗？然后我会安排一些活动，比如沙龙。在沙龙里我们会讨论在英语课和数学课上提出的一些基本问题。明年，我们会做《布兰诗歌》（*Carmina Burana*），作曲家卡尔·奥尔夫①很可能是一位纳粹主义者，但他也是一位富有同理心的人。所以问题来了：如果你选择活下来，什么时候这个选择是好的，什么时候这个选择是恶的？什么是道德的？艺术可能被不道德的人创作出来吗？

我对答案不感兴趣。我感兴趣的是引出更多的问题，让学生们在多个层面上思考。什么是美国人？什么是美国文化？这些都是关于德沃夏克（Dvorak）的《新世界交响曲》（*New World Symphony*）和《波吉和贝丝》（*Porgy and Bess*）的问题。很多这样的练习可以帮学生思考和建

---

① 卡尔·奥尔夫（Carl Orff），德国作曲家、杰出的音乐教育家，《布兰诗歌》是其最著名的代表作。1937年6月8日，《布兰诗歌》在德国法兰克福歌剧院首演，因极受希特勒推崇，该作成为纳粹时期最当红的音乐作品。奥尔夫也成了纳粹指定取代犹太作曲家门德尔松地位的作曲家。虽然奥尔夫在1938年有机会离开，但他无法抵御名利的诱惑，选择留在了纳粹德国。战后，奥尔夫始终不被反纳粹委员会接受，也因这段历史而一直饱受争议。此外，奥尔夫有四分之一的犹太血统，在纳粹统治时期，他一直小心地保守着这个秘密。

立价值观。我通过帮学生建立这样的思维来培养他们的同理心。卡尔·奥尔夫的曲子强迫人们要有同理心。他可以死，或者，救自己一命，然后继续演奏这首曲子。从他的人生中得到的问题是：在这种情况下，我会勇敢吗？

基里亚卡科斯：有一个非常棒的非裔美国艺术家，名叫凯欣德·威利（Kehinde Wiley），他在他的艺术中提出了关于身份的问题。他每天都会找一些普通人，让他们穿着短裤、运动衫和高帮鞋，摆出著名画作中的姿势。我们上课的整个过程和他一样。学生们必须选一个姿势，并且说出他们为什么选这个姿势，为什么这个姿势会激发他们。这其实是一种力量的表现：在你看来，力量是什么样子的？如何把自己塑造成一个有力量的人？

学生们要谈论自己是如何定义力量的，不是字典里的力量，而是他们理解的生活中的形象和人物的力量。我要求他们通过摆一个姿势来表现自己是强大的，所以他们拍了照片。这是一个十分有趣的作业。我会让他们写两篇论文，一篇关于凯欣德·威利，另一篇回答"我是谁"这个问题。

我问一个学生："你想变成谁？"他说："我不想变成我爸爸。我不想成为一个不顾家的男人。我不想成为一个不养孩子的男人。"他拍了一张自己非常冷静的照片，一半脸渐渐变为黑色，这是他所选择的照片。你可以看到黑色围绕着他，希望光会替代黑暗。当你创作艺术时，你是在做一种直觉上的决定，这种决定与内在的联想有关。所以，他可能根本不知道他在做什么——这是非常高层次的思考，但在情感上，他已经做到了。

格里森: 对于每一段音乐，我都会写下我的技能成果、知识成果以及情感成果。因为对学生来说，这些是帮助理解音乐的根本问题。我真的在看布卢姆（Bloom）和科斯塔（Costa）的研究，思考他们提出的有关问题深度的话题。作为教育者，提问是我们拥有的最强大的策略，也是我们最常用的工具。

在最好的教育中，老师们不会一味地只说，他们会提问。通过提问来帮学生探索和构筑学习的乐趣。那真的很神奇，难以言表。如果你去看我组织的演奏会，你会看到学生们在正式演出前热烈地谈论要演奏的曲子，你会听到由学生安排的围绕一个主题或主旋律创作的长号八重奏，你也会看到孩子们基于不同的音乐做的项目视频。我们都朝着一个共同的目标而努力。我称它为"实境秀"而不是"表演"。父母们可以看到我们不只是在娱乐，我们的目的是通过音乐和在准备过程中发生的那些美妙的事情来学习。我的目标是向他们展示那个过程，让他们通过这个表演看到我们平时在教室里的学习状态。

4. 给予学生发言权和选择权是深入学习的最好方法

库珀: 从我到学生们，从学生们到我，有两件最重要的事，那就是信任和尊重。我告诉他们，我也一直在犯错。和他们交谈时，我也会有意地注意用词。给他们创造出一个安全的发言环境，这是我要做到的第一步。第二步是建立一个充满同理心的课堂，在这个课堂里可以容纳各种观点，也可以容纳与你意见不同的人。

一位实习老师问我："对于课堂管理，你有什么看法？"我说："你必须知道你的教学哲学是什么。然后你得经常回归你的哲学，那是推动你在教室做出所有决定的东西。"我的哲学是我想培养出音乐大师，他们尊重别人、倾听别人，对人谦恭。因为这些就是成为世界级的管弦乐队乐手和世界级的伟人所必须做的事。我希望他们在各行各业都能做到这一点：积极地进行更深入的思考，并对思考始终葆有热情。

格里森： 你如果仔细想想，就会发现说教真的没有太大作用。在七年级的乐队里，我有110个孩子，他们都有乐器。他们不该在教室里一味地听从说教。我认为孩子天生好奇，所以关键就是你必须引起他们的好奇心。如果他们好奇，他们就会投入。然后，你就会激发他们内心的兴趣。

他们需要知道的不仅仅是乐谱。我们不能一味地训练孩子。每次我听到"训练"这个词，比如训练老师或训练学生，就会紧张起来，因为我们可以训练狗，而不能训练人。我们需要教育他们。他们需要在课堂上有发言权、选择权和自主权。所以我的目标就是为他们提供激发内在动力的机会，让他们在这个过程中拥有更多的自主权。

教案10.1
应用在艺术教育中的分级问题和大问题

早教文本：《没有人看到：透过一位艺术家的眼睛看东西》(*No One Saw：Ordinary Things Through the Eyes of an Artist*)(2006)，鲍勃·拉查克(Bob Raczka)著

内容总结： 这本书用简单押韵的文字向小朋友介绍现代艺术，强调

每位艺术家是如何通过他们独一无二的方式看世界的。

一级：你能在画作《大碗岛的星期天下午》（*A Sunday Afternoon on La Grande Jatte*）中找到多少细节？画中发生了什么？

二级：你认为玛丽·卡萨特（Mary Cassatt）为什么会决定画一幅关于女人和孩子的画作？她想让我们看到什么？

三级（辩论/讨论）：艺术如何帮助我们思考世界和人类？

小学生文本：《快乐的噪音：两种声音的诗歌》（*Joyful Noise: Poems for Two Voices*）（2005），保罗·弗莱西曼（Paul Fleischman）著

内容总结：这本书里既有诗歌和艺术，也有适合合唱式阅读[①]的短文，对声乐表演、音乐和舞蹈的即兴创作都非常适用，也可以指导读者学习写作和艺术。

一级：作者如何通过每首诗的设计来说明哪些诗行应该被强调？

二级：使用两种或两种以上声音的节奏如何改变你对每种昆虫的看法？为什么作者会使用某些短语来强调双行诗句？

三级（辩论/讨论）：艺术如何帮助我们关注周围的世界和人？

初中生文本：《六个孩子和一只毛绒猫》（*Six Kids and a Stuffed Cat*）（2017），盖瑞·伯森（Gary Paulson）著

内容总结：在这部短篇小说中，6个中学男生被困在洗手间里，他们不顾差异，团结在了一起。书后面附有适合读者进行戏剧表演的剧本。

---

① 合唱式朗读（Choral Reading）指教师和学生共同随着教师的节奏大声朗读。

一级：在故事的剧本中，作者是如何展示谁在说话，如何展示他们是如何行动的？

二级：剧本如何改变了你对角色的看法和感觉？你怎么能在剧中添加一首歌或一段舞蹈呢？

三级（辩论/讨论）：罗杰斯先生说："如果你知道某人的故事，你就会忍不住爱上他。"你同意吗？为什么？表演如何帮助我们理解某人的故事？

高中生文本：《像艺术家一样偷东西：10件没有人告诉你的有关艺术创造的事》（*Steal Like An Artist: 10 Things Nobody Told You About Being Creative*）（2012），奥斯汀·克莱恩（Austin Kleon）著

内容总结：这本书为包括从事视觉艺术、图像设计、用户设计、写作等工作的任何正在努力发展创造力的人提供了非常实用的建议和观点。

一级：作者对创意和创意从哪来的看法是什么？

二级：为什么毕加索说"艺术即盗窃"？重新混合是一种抄袭吗？还是接近毕加索的说法？

三级（辩论/讨论）：人类生来就有创造力吗？其他生物是否也可以创造艺术？人工智能创造的艺术算得上是真正的艺术吗？

听说扩展

★　某些艺术家、音乐家、演员、喜剧演员和电影制作人都曾承认或曾被指控性骚扰。他们的创造性贡献与他们的罪行可以分开吗？我们应该将二者分开看待吗？知道他们做了什么会

改变我们对他们的艺术的看法吗?

★ 讲述别人的故事或者未经他们的允许就讲述与他们的故事相
似的故事,可以吗?

★ 艺术家对社会的责任是什么?你可以既是一个好艺术家,又
是一个好公民吗?

★ 由于发布了有争议的视频(内容包括展示自杀者的身体、发
表仇恨的演说、对儿童及未成年人的不当行为等),某些
YouTube的创作者受到了批评,有些人的账号被冻结。这种
审查制度是正当的吗?为什么?

学术写作练习扩展

学生完成一篇辩论反思报告。

◎ 本章中的活动、策略和实践满足的标准

美国国家核心艺术标准

这些标准立足于哲学基础和终身目标,其中哲学基础包括:

艺术是一种交流方式:艺术提供了独特的表达人生经验的符号体系
和隐喻(即艺术是了解信息的一种方式)。

艺术是一种文化,一段历史,也是一座桥梁:理解艺术品向我们提
供了了解个体、走进其他文化和社会的机会,也提供了了解跨学科知识、
表达和整合意义的机会。

美国国家教育进展评估体系：艺术教育

创造：包括但不限于创造独特的表达、个人想法、感受、以视觉图像形式呈现的反应、创作的角色、书面创作或即兴表演的戏剧作品、音乐或舞蹈等。

表演/阐释：表演一部已有的作品，通过表演表明参与艺术创作的渴望和热情。

反应：通常是情感行为、认知行为和身体行为的结合。它涉及人的直觉和观察力；反应者的描述、分析或解释；基于某种标准做出的判断或评价，这些标准可能是自己建立的，也可能是被某个群体或者文化共有的。

资源扩展

提高理解的视觉思维策略：www.colorincolorado.org/article/visual-thinking-strategies-improved-comprehension

美国音乐教育协会：https://nafme.org/the-4-cs-critical-thinking

大卫·法莫（David Farmer）的戏剧策略：
http://dramaresource.com/drama-strategies

舞蹈教育的批判性思考：请上网做相关调研

"感觉轮（The Feeling Wheel）"、情绪图：请上网做相关调研

罗素·塔尔（Russel Tarr）有关如何在教室使用"感觉轮"的网上指南：www.classtools.net/blog/using-plutchiks-wheel-of-emotions-to-improve-the-evaluation-of-sources

第十一章

把提问应用到职业与技术
教育中去

> 对于我们不得不学习之后才能做的事情，我们通过做来学。
>
> ——亚里士多德，
>
> 《尼各马克伦理学》（*Nicomachean Ethics*）

    有一张为了激励学生而拍的照片，照片上有一群人，大多数是中产阶级白人，大多数是女老师。老师们一只手在半空中高举钢笔，另一只手拿着锤子。"看到了吗？笔朝上，锤子朝下。"摄影师告诉我。有人曾阻止我将这张照片传到学校的网站上，因为觉得照片可能会被误解。但在这张照片中，我看到了在教学领域仍在持续的争论，尤其是在那些推行"没有任何借口"教育改革的社区，这项教育改革强调让所有的孩子都为上高校做好准备。他们所说的"高校"指的是四年制大学。社区大学或专业技校则很少被提到，这对那些在职业和技术教育（CTE）方面有天赋的学生是一种歧视。

    学徒制是将技术和艺术知识传授给下一代的一种古老的体验式学习形式。和当下我们期待着所有的学生都能上大学一样，希腊和罗马社会在培养年轻人方面也有着同样的焦虑。古人也曾争论过，我们应该为统治阶级维护统治而培养孩子，还是为保证行业有稳定的劳动力而培养孩子。

色诺芬是苏格拉底的学生，他更赞同培养贵族的领导能力，这与苏格拉底对工人阶级的同情背道而驰。苏格拉底本人是工人阶级的一员，在他的教学观点中，当他"提到手工艺术领域'能干的教书匠'时，他指的可能并不是教授技艺的老师，而是普通的工匠师傅"。苏格拉底的另一个学生柏拉图，在《法律》（*The Laws*）第一部中写道："在我看来，一个人若想擅长某一技能，必须从年轻时起，就有意无意地以该技能所需要的特殊方式不断地进行实践。"

在离我们更近的时代，殖民者将学徒制带到了新世界。学徒制也成为当时大多数孩子进入社会的方式。当父母无法负担教育时，学徒制的工作给了他们一个学习的机会。工业革命颠覆了这种模式，因为机器开始承担越来越多的工作。为了满足美国的教育需求，19世纪学园式的传承方式开始兴起，这种方式可以满足"包括艺术家、农民和技工在内的人的文化需求"。与此同时，为了支持劳动者们在商店或工厂中所从事的工作，"手工业劳动学校"诞生了，而商店或工厂的老板则会为劳动者支付上学所需的费用。这种学校和工作的融合似乎导致了富人和穷人的分化……同时也促进了公民的发展。

在我教授的班上，有一位中学生名叫科尔顿，他写了一篇论文，回答了他自己关于工作的问题，其中提到了以下的观点：

今天，我想谈谈我这个年龄的孩子们所面临的压力。在过去，孩子们必须做各种各样的工作，比如挤奶、捡鸡蛋等。那么现在

的我们是否都被宠坏了呢？如果生活在亚伯拉罕·林肯（Abraham
Lincoln）时代的人们看到今天的世界，那些什么事都要亲历亲为
的旧时代的人们会怎么想？我认为，他们并不会觉得这是一个进
步的世界。我觉得他们会对人失望，甚至会认为我们和他们不是
同一个物种。

加州圣芭芭拉大学的建造技术教授，帕特里克·福斯特（Patrick
Foster）认为，职业教育塑造了全面发展的人，值得我们发扬推广，
因为"没有谁的问题纯粹是精神上的，或纯粹是身体上的"。正是因为
我们在政治中使用这样的两分法，才创造出了一个由不平衡的人、机构
和职业组成的世界。

史蒂夫·埃尔扎（Steve Elza）是一名熟练的机械师，他的汽车课
上有很多学生，其中既有贫困的学生，也有出身名门的学生。他告诉我，
这些学生在职业课程中像他一样，发现了自己的个人意义。"最有趣的部
分是，当孩子们去上英语课、数学课、科学课和历史课时，他们会问：
为什么我在这里？在这里我的目的是什么？突然，他们走进了汽车教室，
发现这就是他们的激情所在，无论是他们看的电视节目还是他们读的杂
志都和汽车相关。这是他们家庭或生活中的一种爱好，他们能够用这种
方式表达自己。"（见图11.1）

为什么小孩子没有工作？

为什么一些孩子比其他孩子要肩负更多的责任？

图11.1 小学低年级学生和中学学生的问题

表 11.1 职业和技术教育的引领者

史蒂夫·埃尔扎（Steve Elza）

2015年伊利诺伊州年度教师
伊利诺伊州帕勒庭市，威廉·弗雷姆德高级中学
教授科目：汽车、应用技术
推特：@autoteach211

杰克林·瑞安（Jaclyn Ryan）

2015年弗吉尼亚州年度教师
弗吉尼亚州斯特拉斯堡市，西戈纳尔克诺布初级中学
教授科目：农业教育
"美国未来农夫"顾问

◎ 有关职业与技术课堂的4个启发性观点

1. 帮学生找到为什么要学习的原因

埃尔扎： 在高中时，我很厌学。我睡了整整一个学期的数学课。下课铃响了，我就醒了。我之所以这样并不是因为功课不会做，而是我不知道自己为什么要做功课。正在我要堕落下去的时刻，我的辅导老师说："你应该去上技校。"她说："我想把你赶出学校，因为你总惹麻烦，学习也不好。"对她来说，技校是个垃圾场。但她不知道去技校是真正拯救我的地方，是我人生的转折点。技校是我想待的地方，和技校老师交流让我有了想要学数学的理由。我终于明白了为什么要学数学。

我有一个学生，兰迪，他11岁时在厨房做出了他的第一台发动机。在他和家人居住的小公寓里，没有足够的空间，所以他在厨房完成了整个制作过程。上高中后，他发现了汽车课程，这成为他的激情所在。七年级时，他开始来我的汽车俱乐部。在七年级、八年级以及大学一年级，他和他的父亲都会来俱乐部。现在他已经完成了大学二年级的课程，他是个好学生。我很高兴能看到有人能学习到亲身实践得来的知识。他可以和雷一起工作，雷是一个需要特殊照顾的学生，看到他们一起做功课，互相学习，真是太好了。

瑞安： 让学生研究他们想要研究的东西是很棒的，而且在这方面我一路也学到了很多。我们都在农业中学到了很多。我们给学生们提供了所谓的"监督下的农业体验"，现在全国各地甚至关岛的孩子们都在进行这种农业实践。基于学生自己的兴趣，他们选择自己想学的东西。这样学习也很有条理，因为从中可以学到植物科学、动物科学、领导学、社区服务、自然资源和农业机械等多方面的知识。这个清单可以一直列下去。

学生们记录下他们的工作时间，记录下为了在这个领域习得技能，他们做了哪些努力，然后他们就可以申请特别技能奖。我看到很多孩子从中学到高中都一直坚持在做，也积累了很多经验。他们可以用这些经历申请奖学金。我有两个学生，他们在自己的领域得到了国家最高级别的奖学金。这一切都只是他们把中学开始做的事坚持了下来。

2. 职业和技术教育课堂是"生活技能的实验室"

瑞安： 在农业领导课上，我们向学生介绍议会程序，如何真正使用《罗伯特议事规则》[①]来举行会议。我看到很多孩子不自信，遇到事情不能很好地临场发挥，很难去灵活处理，讲话之前很难把自己的想法整理好……特别是一个小男孩，他在其他领域也表现不佳。虽然他有学习障碍，但他学习很努力。在参加"美国未来农夫[②]"举办的一场名为"举办正式会议"的发展项目的比赛中，这个我们努力培养的男孩站起来发表了非常流利的讲话，他也因此被任命为全国记者。他战胜了比赛中所有的其他记者，获得了一枚奖牌。

他们在这些经历中可以学习到生活技能。在他以后的人生中，他们很有可能举行会议，用到议会程序。如果他们将来要进董事会或者管理

---

① 《罗伯特议事规则》(*Robert's Rules of Order*，*RONR*) 是一本由美国将领亨利·马丁·罗伯特 (Henry Martyn Robert) 于1876年出版的手册，他搜集并改编美国国会的议事程序，使之普及于美国民间组织，也是目前美国最广为使用的议事规范。

② 美国未来农夫 (Future Farmers of America，FFA) 是美国具有80年发展历史的青少年农业教育非政府组织，它旨在通过农业科学技术教育，向青少年学生传授农业科学知识及与人类生存生活密切相关的所有实用知识和技能。

他人，他们会需要这些技能。即使你只是站起来发表一番即兴演讲，也会用到这项技能。我正在帮助他们看到背后的相关性，以及这些经历今后如何影响他们的生活。

埃尔扎：我有一个需要特殊照顾的孩子，他的父母非常保护他。他高一开始上我的课时，有两个助手跟着他。在他上高三的时候，我告诉他的两个助手："我不再需要你们了。"他的助手看着成长了的他，不再干涉他的事情。在他高三的时候，他根本不需要任何助手了。所以你看这些孩子，他们需要完成的任务其实都是小事，但成长是巨大的。他后来毕业了。有一次，他回来说："我的车老有噪声。我可以用下千斤顶吗？"接着他自己开始诊断，最后发现了问题所在。学校的人开始只是想把他放在一个地方，找点儿事让他做，他却在这门课中做得非常好，开始自己学习。这些孩子都会长大，他们离开校园的时候都会学到一种技能。

没有职业和技术教育，很多孩子将无法毕业，甚至会放弃学业。有了职业教育，即使他们不上我的课，也可以上木材、食品、电子等课程。在我的基础课上，他们学会了如何换油，学会了刹车的原理，这多棒啊。在他们真正入行的时候，他们就具备了这些学习背景，这是生活技能，是解决问题的能力。

我班上现在有6个女孩，她们都很棒，她们激发了学生们的学习动力。每个人都为此提高了自己的专业能力。我现在有一个十一年级的学生，她是学习大学预修课程的好学生，成绩优异。她想学汽车，而第一个辅导员非常反对她上这门课，她妈妈不得不介入，让她换了一个新辅导员。正是这种心态，如果你是学习大学预修课程的学生，如果你已经走在上大学的路上，那么你为什么需要学习汽车、建筑，或计算机辅助设计、电子、家庭和消费科学？他们不明白的是，不管你是在学习修汽车还是在设计汽车，你都在为进入汽车行业做准备。你最好有这种背景。

3. 学习职业技能知识可以增强学生的能力和信心

埃尔扎：我有个学生，他的哥哥去了医学院，所以这个孩子的父母把他送到了社区大学。他尝试过会计、商业、医学等很多不同的东西。5年下来他回来对我说："埃尔扎，我知道我想做的事情了——汽车。"他一次次地失败，并不是因为他不够聪明，而是因为他对那方面没有热情。于是，他去了南伊利诺伊州大学学汽车。请注意，他在整个大学期间一直在一家制造宝马赛车的店工作。所以，他现在支持自己做他喜欢的事情，但他曾一度在强迫自己学习，把生活建立在他自己不喜欢的东西上。

他入学时成绩很差，但毕业时得到了4.0分，拿到了年薪超过8万美元的工作聘书。他在密歇根州的通用汽车公司拿到了一份年薪8.3万美元的工作聘书。但他拒绝了他们，因为他想离家近一点。现在，他在当地一家替代燃料店工作，他的收入超过6万美元，他和家人关系很好，每天也很开心。我也有不少学生工资超过6位数。

瑞安：有很多孩子在大学毕业后才意识到他们不想做他们已经花了那么多钱所学的东西。但职业和技术教育可以让孩子们探索和找到自己所擅长的东西，这就是其魅力所在。它让他们搞清楚自己对什么感兴趣。即使你上了大学，获得了一个学位，我认为你也不应该害怕学习一门可以依靠的手艺。孩子们可以先去学习一些基本技能，然后如果他们愿意，可以继续在更高水平上再学习它。而且如果他们选择上大学，他们也可以通过在美容或建筑等行业打工赚钱来支付学费。

我们需要水管工，需要电工。我参加了很多行业人士的会议，我想知道他们需要我们的孩子为未来做好怎样的准备。我听得最多的一个是职业道德。他们很难找到愿意工作、愿意付出努力、愿意流汗的人。作为一个水管工或电工，你可以赚很多钱。在弗吉尼亚，我们看到职业和技术教育的重要性。这些数字不言自明。那些获得行业认证的孩子真是了不起。他们既可以做他们想做的事情，又能赚很多钱。

4. 把学生的兴趣与学习内容联系起来

埃尔扎：我这门课帮助他们阅读技术手册，理解手册中的内容，并将其转化为自身经验。如果他们这方面有困难，我们会帮助他们解决存在的问题，提高他们的思维能力。遗憾的是，我们的理论和技术课程之间存在着巨大的差距。它们确实有待整合。

在我们区，有个学校将英语班和汽车班合起来上课。虽然课本并不一样，但是汽车1班和英语102班的所有学生都在一起上课。这种安排在前两年得出的数据非常好。和那些不一起上课的学生相比，一起上课的学生做得出奇得好。他们不仅做了他们喜欢的事情，而且成绩都达到了《美国共同核心州立标准》。学生们会阅读技术手册，如果我们在学习冷却系统，他们就会读到相关的信息。我负责回答问题，英语老师则讲授她的专业知识，我们的教学内容会重合在一起，孩子们就可以在这个过程中汲取营养。

几何和建造现在是件大事，所以我们开设了几何和建造班，班上会有一位几何老师和一位建筑建造老师，他们用几何学建造房子。在我看来，缩减这些班级是很大的损失。

教案11.1
应用在职业和技术教育中的分级问题和大问题

初中生文本：《你的降落伞是什么颜色的（青少年版）：发现自己、设计你的未来以及规划你的梦想职业》（*What Color is Your Parachute for Teens: Discover Yourself, Design Your Future, and Plan for Your Dream Job*）（2016），卡罗尔·克里森（Carol Christen）和理查德·博尔斯（Richard N. Bolles）著

内容总结：这是一本吸引人、易于阅读的青少年指南，帮助青少年将自己的技能和兴趣与可能从事的职业相匹配。

一级：什么是通用技能？为什么它对你的未来有帮助？作者是如何解释的？

二级：为什么自我管理技能如此重要？

三级（用于辩论或讨论）：许多文化相信梦想的力量——我们说我们想成为什么样的人，我们就会成为什么样的人。你是否同意？为什么？

高中生文本：《摩托车修理店的未来工作哲学——通往美好生活的手工精神与趋势》（*Shop Class as Soulcraft: An Inquiry Into the Value of Work*）（2010），马修·柯劳佛（Matthew B. Crawford）著

内容总结：作者既是哲学家，也是技工和电工，在这本书中，他有力地论述了制作和修理东西的价值，以及为什么每个人都不应该被迫成

为"知识工作者"。

一级：什么是"有用的"艺术？

二级：这本书的前言提出了一个争论：今天的学生们知道如何应付标准化考试，但实际上他们却不能"做任何事"。你同意这种观点吗？为什么？

三级（用于辩论或讨论）：手艺是什么？在我们制造工具或用双手来修理、建造、修复和种植东西的能力方面，有没有什么是人类特有的？

听说扩展

★ 我们要求学生们都去上四年制大学，这是否给了他们太大的压力？每个人都应该上大学吗？我们是否应该像重视大学文凭一样重视专业认证？

★ 许多经济学家预测，机器人、自动化和人工智能将取代许多工人。有没有什么事只有人类才能做而机器人永远取代不了？

★ 一些国家（比如德国）允许学生早在中学就开始选择技术和职业培训课程，你认同这样的做法吗？你认为你在中学时知道自己想做什么吗？

★ 哈佛大学教授霍华德·加德纳（Howard Gardner）说，有不同种的聪明，他称为"多元智能"。视觉空间和身体动觉是职业和技术教育课上的学生用得最多的两种类型。你对此有什么想法？你是否认为机械和技术技能也是一种智慧？你为什么认为它是？

学术写作练习扩展

学生完成一篇辩论反思报告。

◎ 本章中的活动、策略和实践满足的标准

职业技术教育的共同核心[①]

做决策时要考虑其对环境、社会和经济的影响。

★ 展示创造力和创新。

★ 利用批判性思维来理解问题，并坚持想办法解决问题。

美国国家产品质量联盟制定的职业教育课程质量标准

职业教育的课程安排必须使学生能够通过在学校、社区以及工作相关场所的学习，获得有效、实用的学习经验，并习得解决问题、交流和推理的技能和策略。

进入职场所需的基本技能[②]

★ 思维技巧：创造性思维、决策制定的技巧、解决问题的技巧、用心感知的技巧、学习技巧、推理技巧

★ 个人素质：责任心、自尊、社交能力、自我管理能力、诚信

★ 必备能力：理解能力（例如理解复杂的相互关系的能力）自我提高能力和设计能力

[①] 职业技术教育的共同核心（Common Career Technical Core，一般缩写为CCTC）是美国为发展高质量的职业技术教育而发起的一项方案计划，阐释了学生在职业技术教育中应该了解什么以及应如何为进入职场做好准备。

[②] 由美国基本技能达成秘书委员会（Secretary's Commission on Achieving Necessary Skills）商定，包括年轻人在职场上应具备的技巧、能力和个人素质。

资源扩展

乔治敦大学教育与劳动中心：http://cew.georgetown.edu

家庭健康国际组织大学和职业准备教学资源：www.fhi360.org/
explore/content?f[0]=field_expertise%3A137

职业技术教育网络研讨班协会：

www.acteonline.org/seminars/#WgO8YBNSxBw

ConnectEd链接的学习资源：加州大学和职业中心：

www.connectedcalifornia.org/ideas_resources/overview

来自职业与技术教育国家创意中心的职业技术教育工作者的教师领导
培训：

http://ctecenter.ed.gov/training_center/single_training/

professional-development-and-teacher-preparation

第十二章

把提问应用到差异化教学中去

> 我给你们每个人都单独制定了……我认为的最好的服务。我试图说服你们每一个人，与其关心一个人拥有什么，不如关心他是怎样的人，以便让他尽可能地变得优秀和理性。
>
> ——苏格拉底

◎ 学生的潜力远超我们的想象

迟到的铃声响过之后，一群16岁的孩子才一个接一个走进教室，他们仿佛正在参加一场专为高中生举行的试镜。像橄榄球后卫一样高大壮实的蒂里克，把双手放在克莱门衬衫上唯一没有沾上油漆和水泥的地方，向前推搡着克莱门；克莱门跌倒了；身着完美搭配的斯塔，从马尾辫发圈到金色的网球鞋都看起来青春靓丽，她转了一下眼睛，依然在打着电话；穿着普通衬衫和牛仔裤的安吉不停说着"不好意思，不好意思"，想要在混乱中挤进教室门。

坦西亚已经坐下了，朝我微笑。她戴着一副严肃的环状耳环，头发一丝不苟地梳成完美的盘发，稍微晃动一下两只耳环便会打到脸。她摇着头说："我敢说你一定很后悔把这些小丑都弄到这里来。"

那是我教高中的第一年，我看这种游行就好像在看一场电影，不敢想象我必须教这样一群学生。老师们会说这个班是"从地狱里来的"，但在你真正体验到之前，你只能想象电影里最糟糕的画面。如果课程安排在午餐后，情况就更糟了，因为孩子们一天中仅有的盼头也没有了，他们的怨恨是可以理解的。我的第六节课就是如此。

在我的考勤屏幕上，他们的名字后面都会附有一些特殊名词或短语：注意缺陷多动障碍（ADHD）、行为干预计划（BIP）、英语语言学习者、特殊教育者和资优生。他们中有些是运动员，有一个是从监狱里转到班上的，有一个在乐队，还有一个那天早上决定从她的大学预修英语班中退出，换到这个她认为会更简单的普通班。

第六节课是我的差异化学习大师课。教他们也让我确信苏格拉底式的探究和讨论不仅适用于常规课程，也适用于任何类型的学习者。我在教他们的过程中也实践前面所写的理念，所以对他们的介绍也适用于最后的章节。

因为学生的课堂行为是最容易影响课堂教学的因素之一，我在前六周的大部分时间里都在尝试和抛弃各种方法体系。第一周，我决定"表现得强硬"一点，像停课一样管理班级。学生们会阅读课本，回答每一章末尾的问题，我控制住了整个班级。接下来的一周，我尝试让学生进行选择，但课堂也因此失去了那种来自枯燥却能让人安心的课本和作业的稳定结构。杰米开始捣乱了。控制好杰米以后，三分之一的学生要么睡觉，要么不再把注意力集中在课程上。

　　我在"控制"和"选择"之间摇摆不定，直到我想到了可以用两样东西解决这个问题：一张附带一本专业书的光盘和一个手机大小的视频摄像机，我可以把它插到电脑上播放里面的内容。光盘的内容是高中一个班的学生结伴合作、分组合作以及全班一起合作讨论的视频。我把它放给学生们看，问他们能够注意到什么。我告诉他们，我想找一个志愿者来给我们班录像，然后我们以同样的方式观看自己班级的表现。

　　两个视频中，井然有序的班级和他们自己混乱的班级形成了鲜明的对比，这让学生们反思了自己的行为。他们看到了他们的课堂可以变成什么样子，但也看到了自己身处的现实与视频中理想课堂的差距。他们不喜欢自己现在的处境。通过这个视频，我们共同为班级制定了规范，设定了目标，我们决定进行尝试，然后再次拍摄结果。和耕作一样，这种长时间的学习是必要的。要在如此多的差异中创造凝聚力，耐心的练习和实践至关重要。

　　在这个班上，学生们能够用歌词和短视频练习批判性思维，提出他们的问题，并进行讨论，然后应用到他们自己的项目上。接受特殊教育的英语语言学习者安吉罗为一款电子游戏提了一个深入的建议；杰米第一次读了一本书：沃尔特·迪恩·迈尔斯（Walter Dean Myers）写的《怪物》（*Monster*）；克莱门写了一份简历，得到了工作，薪水足够支付他一家人一半的账单。

　　但这个班最令人骄傲的是，他们在每周一的讨论中所展现出的思考力。我们选择周一来进行苏格拉底式的讨论，对他们来说，周末之后这是重新建立联系的一种方式。他们决定以一种让每个人都能够被倾听、被尊重，都可以对差异、偏见和身份进行深入思考的方式探讨种族。这些关于"种族圈"的讨论在他们的请求下每六周举行一次，他们的讨论帮助我理解公平和公正，而这是我几个小时的职业学习永远无法学到的。

学生们能够做到的事情远远超出我们的想象。我的6位同事接纳并深化了我的观点。希望这些观点可以帮助你加深思考，思考当差异化教学不仅是一个静止的概念，更多变成一种我们鼓励的思维方式时，会产生什么样的可能性。见图12.1。

动物彼此之间有交谈吗？它们像我们这样生活吗？它们会思考我们吗？如果它们彼此之间有交谈，它们说些什么？它们上学吗？它们用什么语言？

如果上帝希望我们做个好人，为什么还给我们自由意志？如果我们没有自由意志，就不会有战争、犯罪、暴力或问题。

什么时候我可以再次见到我的奶奶？

当我长大了，我会进监狱吗？

什么时候我会死？

图12.1 小学生和高中生的问题

表12.1 特殊教育的引领者

布雷特·比格姆（Brett Bigham）

2014年俄勒冈州年度教师

俄勒冈州波特兰市，波特兰公立学校

教授科目：特殊教育–生活技能

梅根·格罗斯（Megan Gross）

2017年美国国家年度教师提名

2017年加利福尼亚州年度教师

加利福尼亚州圣地亚哥市，德尔诺特高级中学

教授科目：（自闭症）特殊教育

◎ 有关特殊教育课堂的2个启发性观点

1. 重新思考学生的潜力

比格姆：对待任何学生都一样，你不能决定学生在一年级能够做什么，他们的目标是什么，不能为他们的整个人生做出决定。但在特殊教育中，我们倾向于这样做：为他们做一个小项目，如果成功了，我们将在接下来的16年里继续这样做。我想知道他们对什么感兴趣，什么会让他们眼睛发光。如果我能找到他们的兴趣点，就能创造出让他们眼睛发光的东西。

我的学生里有一个患有唐氏综合征的小男孩，他有着温柔的心灵。他接受的训练是把扑克筹码放到蓝色或红色的杯子里，做5次很棒，但一直重复这个训练太无趣了。不要让他用4年的时间一直重复这个训练。我们开始在外面为他寻找工作，如食物赈济处，在那里他可以拓展自己的技能，他是一个好帮手。他已经掌握了"把东西放到该放的地方"这项技能。

他18岁了，不久就要走进外面的世界，他需要那种经验——那些事会为他找到一个可以做的工作做好准备。在食物赈济处，他可以按照颜色装卸一箱箱的食物，他明白其中的原则。他到了那里之后，人们认识他，跟他交谈，拥抱他。他没有坐在教室的桌子旁，而是和关心他的人在一起。当他离开时，他将有机会做一些事，而不是只能待在家里。

格罗斯：只要父母们开心，人们不关心孩子们在教室里做什么，这其实挺奇怪的。因为如果你为孩子做正确的事，那很好。但如果你为孩子做没价值的事，似乎没人在乎。我觉得这太糟糕了，所以我想：我们能做什么？

现在我们正在读一本小说叫《关于水母的事》（*The Thing About Jellyfsh*），它除了讲科学方面的知识，还讲了以下几个问题：你如何看待友谊？你是否有过像故事中的人物那样错误地解读了情境的经历？你失去过朋友吗？你对朋友生过气吗？我接触到的一半案例都是非言语形式的，故事中的人物也选择不说话，所以我想那对他们会是一个很有趣的点。我们提出了这个问题：除了口头交流外，你还能如何与这个世界交流？

2. 在课堂内外帮助学生和社会建立起联系

格罗斯：我的教室看起来就像一个典型的高中教室。我给孩子布置的唯一的家庭作业是，每个周末都拍下你做什么的照片，这样我们就可以在周——起谈论它。他们用谷歌幻灯片展示自己的照片，我们共同分享这个周末我们做了什么，我觉得这真的改善了我的课堂文化。

我们给孩子们提出了问题框架。你必须问那个展示照片的人问题，尽力获得更多信息，然后试着与他们建立联系。你可以做出评论，比如"哦，我也喜欢这样做"。有趣的是，当我们这样做时，我发现一个学生对时间真的很感兴趣。如果不是这个活动，我不会注意到这一点，因为他平时真的超级安静。但他喜欢问："你什么时候去的？你在那里待了多久？"就好像他平时就是这样计划和分配自己的时间的。

比格姆：我也有一些生活技能型的学生，他们不是那些要在图书馆待一整天查阅一本书的学生。我必须得和他们一起去，帮他们找到一本他们想看的书，所以在特殊教育中有不同的层次。有一些孩子，在他人的协助或纠正下，或者其他对他们有作用的方式的影响下，才能进行探究。因此在教室里我会调整课程，比如他们会在其他课上学习有关埃及的知识，但由于我的学生们不常阅读，我会创建自己的课程。

我总是问我的学生他们对什么感兴趣，对我来说，最重要的事情之一就是帮他们进入社会，我把这个建立在他们的兴趣之上。他们最终都会走出学校，踏入社会，所以如果他们对火车或对艺术有兴趣，我需要教他们怎样去到他们想工作的那些地方，接触他们真正喜欢的东西。我工作的目的是帮助那些18岁至22岁的孩子进入社会。

表12.2 英语语言学习教育的引领者

多丽娜·萨克曼–埃布瓦（Dorina Sackman-Ebuwa）

2014年美国国家年度教师提名

2014年佛罗里达州年度教师

佛罗里达州格林维尔市，其他语种使用者的英语课程，语言艺术顾问

达尼亚·瓦兹奎兹（Dania Vazquez）

2017年巴尔研究员

马萨诸塞州牙买加平原，玛格丽塔·穆尼兹学院

创始校长

◎ 有关英语语言学习课堂的2个启发性观点

1. 了解你的学生是谁

瓦兹奎兹：在从事双语教育工作的几十年里，我发现人们有种误解，对我们所认为的"他者"感到恐惧。在这个国家，人们对说另一种语言的人有误解，实际上，认为他们不聪明是因为我们不懂他们。（我们会觉得）只有重塑那些看起来或听起来不像我们的人，我们才会感觉更好。我的那些说不同语言、来自不同民族的学生事实上都是非常聪明的孩子。我的许多学生都是移民和英语语言学习者，他们甚至比那些本地的孩子做得更好。他们在本地并没有什么背景或根基，他们来到这里是因为他们的家人做出了努力和牺牲。

我们还需要认识到，并不是所有的拉丁裔人都一样。我们不能用一样的方式对待所有的拉丁裔人，因为他们是不同的。在我们学校有很多多米尼加学生，他们与那些从其他加勒比、中美和南美国家来的学生很不相同，是非常不一样的孩子。我们需要理解这种多样性，尊重他们之间的文化差异和不同历史，寻找对待他们的不同方式。

萨克曼-埃布瓦： 我对学生最初的了解始于一份调查问卷，调查问卷中的10个问题帮助我了解他们在来美国之前的经历。在正式教学生之前，我需要知道他们的故事，这样我或许能把知道的信息渗透到每堂课中。这帮助他们把自身和所学的内容联系起来，也帮助他们和他人建立联系。当他们做完调查后，我让他们用谷歌翻译或Reverso翻译把内容翻译过来。我知道这并不完美，但这帮助我看到，他们在多大程度上能够（1）操作一台电脑，（2）写作，（3）用他们的母语造句。除了他们的入学考试，这是我第一次看到他们的作业，这能帮我准备差异化教案。填写调查问卷也是他们的一次预考。一年之后，给他们展示这份调查问卷是非常神奇的，因为他们亲眼看到了自己语言水平的前后变化。学生们完成调查之后，他们的家庭成员和社区成员也要做这份调查。你可以从他们的答案中发现很多。这是我让他们知道自己很重要的一种方式，我很在乎他们，而且我想了解四堵墙的教室之外的他们。我想让他们感受到自己被重视，有人爱，让他们有安全感。通过这种方式，你不仅可以获得家长和班上学生的电话号码，还可以获得学生的信任。没有什么赞美比得上来自其他国家和文化的那些人的默默信任。这是一种我应该认真肩负的荣誉和责任。

班上一有英语语言学习的学生，许多老师就会有些不知所措。他们会说："我不说西班牙语。"这个孩子其实来自叙利亚。我把这称为"傲慢的无知"和"无知的傲慢"。这两种我在给老师们传授英语语言教学策略的21年中都看到过。如果你表现出无知的傲慢，不知道学习英语的孩子们来到你的教室时，你该做什么，那没关系；如果你不知道你在做什么，或者你表现出"傲慢的无知"，那是不行的。你完全知道当一个来自其他国家的孩子走进你的教室、你的世界时，你是什么感受。"傲慢的无知"是很难被改变的，因为他们只通过自己的滤镜来看待孩子。老师需要时间和大量与文化相关的职业经历、耐心、同理心，认真倾听，才可以对他们感同身受。然而，一旦你对学生们进行差异化教学，他们会请所有新同学都到他们的班级来。我不否认，教授英语语言学习课很难。有人说，这只是向"低阅读水平"的人教授高级的知识，但是英语语言教学远不止这些。这里有一种成长型思维，一种思维方式的转变，以及一种你在教授母语为英语的学生时肯定不会做的、对教学的重新思考。教有英语语言学习者的班级时，你所做的就不仅仅是普通的教学，我把它称为"教+1"。你必须明白，对于每一个英语语言学习的学生，你要在他们身上多花10分钟来备课。如果你有4到5个这样的学生，你得多给你自己一个小时来准备。一开始很令人沮丧，但这样做的好处在于，你实际上是在真正地反思你的教学和实践，也许你会问自己："艾内克真的明白吗？我是否应该解释得更清楚些？也许我需要更多的图片辅助和小组活动。"教英语语言学习者是一种持续的反思练习，所以你会发现，那些欣然接受英语语言学习者的教师成了更加优秀的教师。

这就是你要做的事情，这也是你的公民责任。有一个孩子在你的教室学习，不管你们的政治、宗教、哲学意识形态是什么，这个孩子需要得到公平的教育。所以为了做到这一点，你必须认识到对所有说同一语言的孩子的"平等"教学的那种方法，在这种情况下必须改变。如果不改变，它就成了语言的不公平，这是不对的。当然，这并不容易。但英语语言学习课对老师的吸引力在于，它们会挑战老师已经感到舒适和习惯了的做法，以及那些"他们教了十年"的东西。他们也许会感到不舒服，因为面对从不同教育体制和不同的年级来的、说着不同语言的孩子，他们必须根据教室里发生的变化而做出改变。但如果你不直面这种改变带来的不舒服，你就无法提升你的教学水平。如果你不改变，那你教学的意义是什么？在教授英语语言学习者时，变化是不可避免的，成长是可选择的。但如果你不选择成长，不转变思维方式，就无法确保语言上的公平！

因此，随着世界的变化和政治的动荡，对你来说，最重要的是必须从文化的相关性的角度，从偏见与特权的角度首先认识到为什么孩子会来到这里的历史原因。这与美国的干预有关系，这是一个道德议题，也是一个世界议题。所以"教+1"不仅意味着差异化教学和策略，它意味着了解你周围的世界，了解学生的国家的历史及其与美国之间的关系。与学生父母和社区成员交谈，向他们提问，表现得温和一点，不那么强硬。你也许会不舒服，但你的英语语言学习的学生和你在一起时会很舒服。

2. 努力减少学生的焦虑

萨克曼-埃布瓦：人们潜意识中的偏见正在影响英语语言学习者的学习方式。了解平等与公正之间的区别，了解你的英语语言学习学生的故事，了解他们的学习水平和语言水平可以为你的教学提供指导，这是首要的。一个英语语言学习者的标签并不意味着他们是一样的，所以你要知道他们在语言习得的路上处于什么位置。用他们的第一语言来评估他们，评估他们的计算机技能，了解他们的书写能力、最喜欢的科目和艺术能力。熟悉他们的背景资料，知道他们从哪里来，在地图上看一看（在教室里展示一下是很好的，看看他们的故乡距离这里有多远）。学习"教+1"的教学方法。了解他们的第一语言，因为很明显，很多老师和辅导员听到一个名字或国家，会自动地认为他们说的是某一种语言。有不会说西班牙语的墨西哥学生，也有不会说印地语的印度学生，因为泰米尔语才是他们的语言。

我要说的是，一个老师不能简单地欢迎一个英语语言学习者进入教室，认为这就可以开始上课了。如果你想对他们表示欢迎，准备一个欢迎视频和欢迎手册，例如，"欢迎！我是多丽娜老师，你的英文老师。你在这里很安全，会受到尊重。我们所有人都爱你。有些事情你需要知道，有几个问题需要你回答一下，可以吗？"然后，在你的墙上某个地方，应该用加粗的字体写着："英语不是我的第一语言。"这是每个学生来到我的课堂要做的第一个作业，永远不要说"我不说英语"。相反，我会请他们说"英语不是我的第一语言"。这是一个转变的过程。在英语语言学习者的教室里要准备的其他东西还包括单词墙、可视教具、句子结构图和我最喜欢的鼓励人的短语。我每周在3英寸×5英寸的索引卡上写大约10个短语。新生或许很害羞，处在他们的"沉默期"，他们可以直接把卡片放在桌子的左上角，这样我就可以知道他们感觉如何，或者他们需要什么。我会发给他们一些短语，例如，"我还不太明白""请说慢点""请帮助我""我都懂了"和"我可以去洗手间吗"这些卡片会让他们明白"我明白你的意思，孩子，我会帮你的"。

此外，分座位很关键。就像"没有人会把宝贝放在角落①"一样，没有人把英语语言学习的孩子放在角落。让英语语言学习者坐在教室后面会让他们感觉自己不受重视。坐在后面的有专人辅导的英语语言学习学生除外。班上英语语言学习者的座位应该靠近老师，这是一种欢迎形式，也可以让他们感到心安。给新来的英语语言学习者营造一个良好的感觉是建立同理心和舒适感的一种有力方式。毕竟，一个英语语言学习者的成功是建立在良好的群体融入和信心的基础之上，而不是孤立和问题。

我想说的关键是，英语语言学习的学生应该得到最好的教育，语言不应该成为他们不成功的原因。英语语言学习的学生给任何一个教室都带来了美丽、动力、故事和韧性。如何消除我们对待英语语言学习者的"无知的傲慢"，最好的办法就是从心开始。但我们在这个过程中也要严厉。在我看来，在培养学生方面，温柔的关怀不如严厉的爱。督促英语语言学习者在语言习得和知识掌握方面下功夫。作为英语语言学习者的教师，我们的工作是赋予他们力量，让他们自我壮大，用知识来激励他们，用两种或两种以上的语言来教会他们。这是他们的人权。确保所有孩子都享有这样的权利是我们作为公民的责任。

瓦兹奎兹： 我认为我们的学校和工作场所应该接纳所有人。不仅仅是孩子要展现真正的自我，老师也必须这样做，这不是一个单箭头的过程。虽然我是一个进步的教育家，但我不提倡溺爱孩子，我希望我们能怀有真情实感地参与这个过程。我们需要做建构者，要有创造性，对很

---

① 这是一句来自电影《辣身舞》（*Dirty Dancing*）的台词，通常用来表示人们不该想想参加某活动的人感到被排除在外。

多可能性持开放的态度。

表12.3 资优生教育的引领者

瑞沃西·巴拉克丽山娜（Revathi Balakrishnan）

2016年得克萨斯州年度教师

2011年地区 XIII 资优教育年度教师

资优教育专家

得克萨斯州圆石市，帕斯蒂索默小学

教授科目：五年级语言艺术和社会研究

查尔斯·吉格洛（Charles Giglio）

2015年纽约州年度教师

纽约州立大学奥尔巴尼分校副教授

纽约州格洛弗斯维尔市，格洛弗斯维尔高级中学

教授科目：拉丁语

◎ 有关资优生教育课堂的2个启发性观点

1. 资优儿童需要老师引导他们拓展知识

巴拉克丽山娜：关于资优生的误解之一是以为他们知道所有的事情。他们不知道所有的事情，他们只是有能力以较快的速度吸收。他们似乎什么都知道，因为他们可以拿起一本关于任何事情的书，以非常快的速度吸收它。他们可以在3天的时间里学会一个概念，而对于普通的学生，这需要3周的时间。他们的学习速度快并不意味着他们什么都了解了，因此，你仍然要让他们接触要学习的知识。

如果他们犯了一个错误，人们就会说"你有天赋，你应该知道这一点"。他们其实和其他孩子一样（也会犯错）。贫困的资优孩子需要有更多机会去了解知识。如果你给他们机会去阅读各种各样的文本，他们就会取得进步。他们只需要你给他们指出正确的方向。如果资优儿童对某一个话题非常感兴趣，他们会想知道关于那个话题的任何东西。

资优班级里也需要差异化。资优儿童的范围很广，有稍微有点天赋的，也有天赋非常高的。普通课堂上有的差异化教学在资优课堂也得进行，包括要对他们表示关怀和指导，要调查他们的兴趣，要为他们挑选合适的书，等等。如果你并不知道具体要怎么操作，那就直接教学，因为这是有章可循的。这条准则可以指导刚刚从事教师行业一两年的老师。之后，你可以根据学生的生源地问问题。

资优生所有的行为问题都是因为事情对他们来说太容易。他们通常没有良好的学习习惯。即使对于有天赋的学生来说，他们的天赋也会在某个时候达到最大值。在三年级和四年级，课程很简单的时候，正是应该养成良好学习习惯的时候。即使能在脑子里解决这些问题，也需要练习如何把它们写下来，如何展示自己的想法。

2. 孩子在学习时内心也会成长

吉格洛：我喜欢柏拉图的《洞穴寓言》（*Allegory of the Cave*）以及"什么是真理？如何得到真理"。我想让孩子们先自己问自己这些问题。但我会通过大师的作品引入话题。比如，我们会听莫扎特的《安魂曲》（*Requiem*），把它与中世纪农奴的生活联系起来，思考为什么那些一生都在工作的人会如此想要得到安息。

他们期待着死后能够安眠，我们可以理解那些一直工作的人想要安息的想法，我们也是这样想的。我们可能不做体力劳动，但我们每天都在老师、校长、老板、父母等的严密监管下工作和学习。我们会共同思考我们在哪里可以得到一丝喘息，古人是怎么做的。

我们会做一个"论爱情"的模块，从亚里士多德开始讨论。我们提出了6个问题，我试着让学生们去采访自己的祖父母。他们惊讶地发现奶奶爱上了爷爷。然后学生们共同在班上分享答案。

问题如下：

★ 你对爱情的定义是什么？

★ 你第一次恋爱是什么时候？

★ 他们对爱情的建议是什么？

★ 你是怎么遇到你的爱人的？

★ 你现在怎么看待爱情？

★ 对于恋爱，你对其他人有什么建议？

★ 你能给我什么建议？

没有宗教信仰，你也能意识到我们的精神需要被滋养。不要害怕说出"灵魂"这个词。人们害怕说出自己的精神诉求，所以经常谈论上帝。希腊人、罗马人以及其他所有人也是如此，这是我们文化的一部分，古人就是这样解释世界的。对其他人是如何定义我们的宇宙的保持好奇心。难道你不想知道你要如何融入这个宇宙，并为之做出贡献吗？

◎ 本章中的活动、策略和实践满足的标准

美国特殊儿童委员会制定的特殊教育职业道德准则

1. 对情况特殊的个人保有高期待，以尊重他们的尊严、文化、语言和背景的方式，最大可能地帮助他们取得最高的学习成果，发挥生命的

潜能。

特殊教育职业实践的标准 1.4

创造安全、有效、积极向上的学习环境，有助于满足儿童的需求，刺激儿童学习和构建积极的自我。

全美州立学校首席官员委员会制定的英语语言水平标准

指导原则：

1. 潜力：英语语言学习者和母语为英语的学生在完成复杂的认知任务时有同样的潜力。无论英语水平如何，所有的英语语言学习者都需要从有挑战性的、适合其所在年级的课程、指导、评估以及要求他们使用英语的活动中获益。即使英语语言学习者说的英语与母语为英语的学生说的有差别，他们也有达到大学生职业准备标准的可能。

2. 多媒体、技术和新的读写能力：伴随着对信息通讯技术的使用，对读写能力（例如视觉读写能力和数码读写能力）的新认识出现了。符合英语语言课程标准的、战略性的、适当的多媒体工具和多媒体技术应该被整合到英语语言学习的课程、教学和评估的设计当中。

美国国家资优儿童协会制定的标准3.1.3 和3.1.4

教育者应调整、修改和重置核心课程或标准课程，以满足资优学生的需求和包括双重特殊生（兼具优异禀赋及身心行为障碍的学生）、资优生和英语语言学习者在内的、有特殊需求的学生的需要。

教育者应为资优生设计不同的课程。课程应包括先进的、在概念上具有挑战性的、有深度的、独特的和复杂的内容。

资源扩展

来自自由标准组织和阿斯彭社区解决方案研究所的资源，这些资源都与"公平"相关：http://collectiveimpactforum.org/resources/equity-resources

美国科学基金会关于高中STEM教学的洞见：

http://inclusivesteminsights.sri.com/resources.html

全语言在线写作和语言百科全书：www.omniglot.com

来自Colorin Colorado (WETA) 的英语语言学习和双语资源：

www.colorincolorado.org

美国天才儿童协会资源：

www.nagc.org/resources-publications/resources

· 第三部分 ·

在真实世界中用探究的
方法处理实际工作

> 苏格拉底……是第一位人生哲学家……（他认为）知识服务于生命，
> 而在此之前的哲学家都认为生命应为知识服务……因此，苏格拉底
> 的哲学是绝对实用的：它敌视所有与伦理道德无关的知识。
>
> ——弗里德里希·尼采（Friedrich Nietzsche）

◎ 考试成绩不能预测未来

端看起来就像一个七年级学生版的匪徒——瘦得皮包骨头，叫朋友在他指关节上学刺青，嘲笑一切。他把各种各样的红色穿在身上：一顶压低到眼睛的棒球帽，一件红色的篮球衫套在白色T恤上，红色的鞋子，脖子上挂着银链子。

"嘿，嘿，黑帮小姐老师，有什么事儿？"

他的笑大声、傻气却很迷人。我发现即使我讲最冷的笑话，他也会笑。

"拉芙琳女士的确是黑帮。"我和他一起大声取笑我的同事伊莱恩·拉芙琳（Elaine Loughlin），她也是我的朋友，是她把我带到这所高中，让我帮她教夜校。

"我不是黑帮小姐，我是拉芙琳女士。"她一脸不快地纠正我们。

"不，你是黑帮，因为你教我们怎么通过考试。"

我们想让他通过，想证明我们在课堂上的付出，对于那些看起来即使最无望的例子，比如端，也能奏效。到了18岁，端就要参加毕业考。我说，只要他通过考试就带他去城里最贵的牛排馆大吃一顿，他笑着说只要给他叫个外卖就够了。

我们夜以继日地和他坐在一起，教他各种各样的应试技巧，想帮他达到考试的及格线。我们用越南语帮他思考，然后翻译成英语，甚至用图画帮他做注释。

伊莱恩敦促他和我都保持专注，快点找到能通过写作部分考试的故事。端需要用基本语法写52行字，然后清清楚楚地打印出来以应付考试。

"我和朋友们喜欢出去找乐子。"当我们挖掘他记忆中值得一写的故事时，他告诉我们。经过多次的提问和梳理，我们终于找到一个他和他的朋友蓬打保龄球的小故事。他痛苦地一遍又一遍地抄写这个故事，把它背下来，只有这样，他才可以在考试中重复它，并且确保不管遇到什么样的题目，这个故事都合适。

神奇的是，所有这些都奏效了，端通过了考试。

除了倍感自豪之外，这个好消息让我感到自己在这个艰难的学年不再一事无成。很多人用谄媚的口吻称赞我是"超级老师"，这盖过了所有的空虚，"你是一个超级老师，当别人的学生都考不及格时，你却能让孩子们通过"。

这个完美的励志故事有一个结尾：在考试胜利后不久，端因持械抢劫被逮捕，扣押保释金50万美元。

"大街上发生的那些抢劫案都是他和他朋友干的。他们现如今都在监狱里。"校长告诉我和伊莱恩时，我们正坐在那儿计划端的牛排大餐。"那位女士关好饭馆门开车回到家时，他就拿枪指着她的脸。你能想象吗？"

伊莱恩和我面面相觑。还有什么可说的呢？让我们的学生在监狱里拿文凭吗？第二天，我吃不下饭，因为我读了报纸上的细节，案件事实就像一根冰柱塞进我的胃里。按时间推演，端上完我们的辅导课后，就和他的朋友蓬一起实施了抢劫。

我只注意到他的傻气和他如何努力备考，他的愚笨使我几乎注意不到其他和他有关的任何事情。整个夏天，这个班发生的事情一直在我脑海重演。我内心会为他辩解。这些感觉合在一起让我对我的教学产生了深深的质疑。我在想，既然发生了这样的事，我为什么还要继续教书呢？"你是一个'超级老师'，"我的脑子里跳出了这句话，"真是'超级幼稚'。"

端身上发生的事最终成为我的一个教训。在这个时代，衡量成就的标准是考试分数，人们会认为成绩越高，学习效果就越好。当我让人们对教师的工作下定义时，很多人给出了不同的答案，但总结起来就是为学生能够进入大学和他们以后的职业生涯做好准备。然而，进一步思考这个问题你就会发现，大部分我们所认为的"做好准备"就是在标准化考试中取得高分。

没有一场考试能够准确地反映考生离开考场后的情况。至少在端这件事情上不能。端没有通过最基本的人性测试，但从他的分数以及一些改革者和顾问的标准来看，他是一个典范，是专注于通过考试而培养出的典范。伊莱恩、我和他在这方面取得了惊人的成功。我们没有给他任何借口，一直让他坚持努力学习。

我和端的经历促使我花时间问自己和同事们，究竟什么是我们一直提倡的优质教学。我们问自己：通过考试真的是我们对孩子们的全部要求吗？我们真的应该一味地坚持这样一个迫使学生，尤其是有色人种的学生，被分为三六九等的体系吗？过度关注应试课程可能产生哪些不可预见的后果？

端和蓬放学后，不是一起打保龄球，而是持枪抢劫。这个故事对我产生了极大的影响，它让我重新思考成功教学的定义。对我来说，成功的教学应建立在结构化的学习经验之上，而这些经验应该让学生能够成为更好的人。从这个角度看，作为老师，我们的成功就是用关于公民、礼貌、善良和体面的传统观念，帮助孩子成为更好的人。

一个学生告诉了我关于端的事。"他的父母叫他'土孩子'，"她用越南语说了这个词，为了表达清楚，她轻拍双手，然后摊开，对着它们吹气，仿佛在吹蒲公英，"意思就是他什么都不是。"

如果我当初把更多的注意力放在端和他的能力上，会发生什么？在端因犯罪被判缓刑数十年后，我一直在思考这个问题。如果我当时的眼光没有那么狭隘，没有只看到他的考试成绩，又会怎样？端的事让我朝着成为一名更好的老师的方向前进，以积极的方式把孩子和他所在的社区联系起来，让他们有机会在现实世界中真正地学习。我并非第一个有此想法的人。这种观点通常被描述为服务式学习或项目式学习，对我而言，这是一种真正有意义的个性化学习方式。

对我来说，为处于备考阶段的学生创造这样的经历是一件在道德层面必须做的事情。乔治敦大学的研究人员发现："每年有11.1万名非裔和西班牙裔高分学生，他们要么没有上大学，要么没有毕业。其中约有6.2万名学生的家庭收入处于下游水平。"

出现这种情况的原因很复杂，包括大学招生人员的思维固化，他们忽视贫困的学校，奉行白人至上主义，忽视像管控功能[①]、学习动机一类

[①] 管控功能（Executive Functions），又称执行功能，是一个心理学中理论上的认识系统，用来管理和管控工作记忆、注意力、决策、抽象思考等其他认知过程。

的"软技能"的学习。我常常怀疑，除了考试，我们并没有找到其他令人信服的、可以让学生继续学业的理由。成年人会通过考试成绩实现职业抱负，但对于那些需要应试技能以外的、更多支持的学生来说，考试成绩并不能说明一切。

◎ 以学生提问为基础的社会工作

当我倾听学生的话语，注意他们痴迷的东西时，我最新关注的"实境学习[①]"慢慢成型。露西是我第5期大学预修语言课的高三学生，她对学校里流行的"我爱咪咪"硅胶手环深恶痛绝。

露西说："男生戴上这个手环就坏笑，因为他们觉得自己戴着'咪咪'这个词。他们根本不知道这个东西是干什么用的。"她决定问问男孩们是否知道塑料手环与乳腺癌之间的关系，然后录下他们的回答。"我想让他们意识到自己有多蠢，但即便问女孩和成年人，也没有人能回答出人们为什么要戴这个手环。他们对乳腺癌一无所知，不知道如何自检，甚至不知道男性也会得乳腺癌。"

她想知道，在这个社交媒体活动和公共服务公告层出不穷的时代，为什么没有人了解乳腺癌。她的疑惑与我设计的一个全新的课程单元不谋而合。它以学生的问题为基础，培养学生在工作和学习中的语言技巧，旨在在对社区产生积极影响。（见方案 Ⅲ.1）

当我们一起讨论想法时，她问我："你觉得我能为此做点什么？尼迪亚、艾迪、阿纳卡伦、辛西娅和玛丽亚也想做同样的事情。"这些女孩有

---

① 实境学习（Authentic Learning）是一种教学方法，它让学生在涉及与自身相关的真实世界问题和项目中进行探索和讨论，从而构建有意义的关系。

几个共同之处：她们会说西班牙语和英语，对帮助别人很感兴趣，都在认真考虑医疗领域的职业发展。她们共同探讨了露西的问题——"为什么北阿马里洛社区的人对乳腺癌知之甚少"。

这个小组围绕科学课上学到的知识提出问题。得克萨斯州的波特县是该州乳腺癌死亡率最高的县之一。他们发现，有研究表明乳腺癌严重影响生活在有丰富文化地区的有色人种妇女。这项发现支持他们提出假设：语言问题是许多妇女获取乳腺癌的相关信息和参与乳腺癌筛查的障碍。

尼迪亚说："我们必须去那些人家里，用西班牙语告诉他们。"这项任务促使他们与社会服务机构合作，我帮助他们联系了阿马里洛地区乳房健康联盟。联盟向他们提供了西班牙语的培训资料和信息资源，供他们分享使用，也指导学生如何用双语讲解乳腺健康。

他们的项目在年末的"吻别癌症"表彰早餐会上获得了嘉奖。因为希望这个项目能在他们之后一直持续下去，他们找了一个赞助商，创建了"妇女激励服务和教育课外俱乐部"。

俱乐部的赞助人丹尼斯·瑞福德（Denise Rayford）告诉我："至少有一名女性因为参加了其中一个会议，与乳腺X线筛查机构取得了联系，找到了病灶并开始治疗。"她还表示由于来自索马里、缅甸、科伦、肯尼亚的成员的加入，这个俱乐部最终发展壮大，可以用30多种语言进行宣传。

后来当我遇到学生尼迪亚·索特罗（Nydia Sotelo）时，她回忆起那段经历，提到她毕业后这个项目还在继续。她说："我真的很惊讶，下个年级的女生是如何维持这个俱乐部的，她们还扩大了规模。我记得我们去不同的班级宣传，女生们在一起谈论一个我们之前从未想过的话题，这真的很有趣。"

目前尼迪亚正在攻读社会工作的硕士学位，我们也可以从她目前从事的工作——顾问中，看出当初的乳腺癌项目对她产生的影响。"我记得当时我们是多么自信。我知道自己想帮助别人，但从来都不知道这对我来说意味着什么。回想起自己高三的时候，那段经历对我准备那些演讲很有帮助。检查自己是否患了癌症会让人不舒服，但这很重要。处理棘手问题也是一样。现在，我需要和客户开展非常困难的对话，但我觉得自己有这方面的经验。现在我明白了，尽管当时没想到，但的确是在练习如何帮助别人。"

这个对未来发展有积极作用的实践也帮助了露西，她完成了社会工作学位。而辛西娅则成了一名教师。其他学生也发现这个项目与自己未来的发展紧密相连。维亚特创建了一个由成绩优异的高年级学生构成的小组，为学生们提供语言和学习方面的指导，用一篇关于该项目的文章成功申请了哈佛大学。

耶恩的团队为"美国大哥大姐会[①]"制作广告宣传片，效果非常好，她以此申请得克萨斯大学著名的广告项目。奥斯卡则根据漫画人物"歪小子"斯科特（Scott Pilgram）创作了一款反霸凌的电子游戏，借助这款游戏获得了罗切斯特理工学院的奖学金。

凯莉的原创纪录片关注第二代老挝移民文化传承的困难，她从这

---

① 美国大哥大姐会（Big Brothers Big Sisters of America）是一个非营利组织，旨在通过专业的支持以及一对一志愿导师的指导帮助孩子开发他们的潜力，是美国历史上最悠久、规模最大的青年导师组织之一。

个项目中学到了技能、增强了信心，最后成功加入了北得克萨斯大学的学生会。亚历克斯做了与宾夕法尼亚州的马丁·塞利格曼（Martin Seligman）同样的研究，探索了感恩和幸福之间的关系。贾斯敏和凯伦合作创建了写作工作室，为他们的小学母校里学习困难的学生提供写作指导。

利用学生自己的问题指导项目进行，成为"翻转"课堂的一种方式。这种方式不一定需要技术，但确实需要学生参与到他们的社区工作中。以自主探究为基础的项目成为学生个性化学习的一种途径，学生可以利用他们已有的技能，比如双语能力，为他人服务。

方案III. 创建和实施探究项目

建议

★ 帮助学生把问题归入更大的类别。例如，那些和正义、不公平或公正相关问题可以归为一类。其他分类可以是爱、关系和友谊等。这种分类有助于让学生关注对他们来说最有吸引力的问题，从而把这些问题发展成探究项目。

★ 向学生展示项目可以涉及以下3个方面中的一个：（1）改变学校政策，（2）支持在学习上有困难的学生，（3）与社会服务机构合作解决社区问题。这使得项目更加具体。例如，那些选择改变学校政策的学生可能想要向管理人员请愿，要求成立一个学生咨询委员会，允许学生就学校决策提供意见。那些想要为学习上有困难的学生提供支持的人可以像我之前的一位学生一样，创建一个学校精神组织来提升学生士气。

那些对社区问题感兴趣的人可以制作一个社会服务机构列表，这些机构已经在处理他们感兴趣的问题，比如无家可归者联盟。

★ 将学生按他们感兴趣的问题或领域分组（例如学校组或社区组），这样有助于他们帮助彼此思考并决定关注的领域。

条件

★ 为小组集思广益和发挥创造力提供指导。

★ 尊重和培养学生为社区创造真正价值的积极性。

★ 对身边的问题保持好奇心，尊重身边身处困境和需要帮助的人。

★ 在舒适和谐的氛围中开展团队合作。有关创建和支持团队的详细指导，参见卡恩（Kahn）的《成功项目团队学生手册》（*The Student's Guide to Successful Project Teams*）（2009）。

材料

★ 整理学生上过的课程或写作中的问题

★ 一副3英寸×5英寸的卡片

★ 访问互联网以研究社区问题的权限

★ 学校里有知识的成年人（例如辅导员）的支持，他们可以根据学生的需求提供建议

★ 可以用来记录想法的图表纸

★ 作业的讲义

时间

6-8周

介绍

你们每个人都有可以让身边的人受益的才能，而学校很少给你们机会为自己的才能找到真正的目标和意义。在这次作业中，你将有机会找到并专注于你真正关心的问题，想出一个切实可行的解决方案。在解决这些问题时，你也将有机会与成年人进行平等的合作。

目的

这个项目将帮助你学习人们在企业、非营利组织、政府和大学中使用的技能，包括公开演讲、研究、技术性写作和解决问题的能力。当然，你也能锻炼在员工招聘时雇主认为最重要的技能：领导能力、协作能力、专注力、毅力以及从错误中学习的能力。

计划

1. 给学生一节课的时间，让有共同兴趣的学生一起合作，这节课结束时，同组的学生要商议出一个项目草案。学生可以把自己的想法或小组的决定写在3英寸×5英寸的卡片上。一个小组不得超过5人。

2. 在第2次班会上，向学生分发作业讲义并回答他们的问题。引导学生了解课程说明，确保他们了解他们的工作应达到怎样的水平以及他们的工作将会被如何评估。接下来，让学生决定小组中的角色分配，下课时提交角色表。学生可以用剩下的时间完善项目草案。

3. 在第3次班会上，和学生一起回顾时间表，帮助学生检查计划。明确你和学生会一起检查每周进度的时间。把完成项目提案作为家庭作业，或者要求学生在班会结束前完成它。

4. 在第4次班会上，和学生一起找出他们可以寻求帮助和建议的成年人。将项目提案返还给学生，开展小组讨论，根据需要对他们的想法做出反馈。允许学生向愿意帮助他们的成年人求助。对于年龄较小的学生，你将作为主要的顾问，负责与任何课堂之外的人士联系。

5. 其余的班会将由你决定，对学生来说，每周用一节课的时间开展小组工作可以帮助学生确保项目进度。帮助学生在课余时间与社会服务机构、学校活动的管理员或潜在的赞助商进行会面和协商。

6. 最后一节课以小组形式展示问题和解决方案。按照PechaKucha的形式展示20张幻灯片，每页幻灯片展示的时间为20秒。用一节课的时间，给每个人相同的时长和空间来发表演讲。关于PechaKucha的更多信息请参考网站：www.pechakucha.org。

调整

★ 你可以根据低年级学生或困难学生的情况减少作业量或缩小作业范围。

★ 你也可以邀请社区专家小组来评审小组的演讲作业，留出问答时间。如果选择这样做，你需要请求校方延长上课时间，以确保每个人都能在同样的评审专家面前展示自己的项目。（我在项目的第一年就这样做了，这对每个人来说都是一次愉快的经历。学生能从社区专家那里得到反馈。社区专家在学校里也有愉快的经历，他们能够看到学生的能力，而不仅仅是应试技巧。）

拓展

★ 资优学生、计划选修大学预修课程的高中新生、选修大学预修课程的学生和学国际文凭课程的学生可以提交独立完成的书面论文以获得项目成绩，也可以阅读两本或两本以上的与他们研究主题相关的大学必读书目里面的书籍，完成书摘和书评。

★ 学生可以将与项目相关的文件的电子版或纸质版保存下来，用于申请工作、大学和奖学金。

第十三章

把学生的问题应用到学习
项目中去

不要用强制、逼迫的方式训练孩子学习，而是要引导他们，让他们感到快乐，这样你才能更好地、更准确地发现每个人的天赋所在。

——柏拉图

讽刺的是，美国教育坚持"让孩子为现实世界做好准备"，却很少给他们时间和机会真正与现实世界互动。作为一流学校阵营中的一名教师，只专注于备考的工作让我感受到了巨大的压力。任何偏离备考的做法，轻则会被人说三道四，重则会被管理人员请去谈话。这种压力背后的理论似乎是，如果我们能让孩子通过标准化考试，他们就能上大学，上了大学就能找到工作，找到了工作他们就能过上好日子。

然而，假如我们有足够的勇气帮助学生从练习册中抬起头来，又会如何？假如我们把学生带到教室窗户前，让他们看看外面，又会发生什么？有没有可能把他们在世界上看到的东西与他们内心的好奇和想法联系起来呢？套用T. S.艾略特的话说，如果我们真的想打破这个以系统化的测试文化为中心的宇宙，那么我们需要的东西就是勇气。

值得庆幸的是，我们可以鼓励学生提出问题、解决问题，让他们有机会为我们共同的利益做出贡献。开放出这样的空间值得我付出一切，因为它为我的学生，为他们将来成为什么样的人，提供了太多可能性。当学生为自己的问题寻找答案时，他们也会发现自己成了更好的读者、数学家、思想家、规划者和学习者。

卡伦·沃格尔桑（Karen Vogelsang）是田纳西州孟菲斯市的一名小学教师，她从哈佛大学教育研究生院的"零点项目[①]"中得到启发，在幼儿课堂上倡导向老师提问。

她说："鼓励学生口头提问和书面提问是让思考变得清晰的方法之一。问题可以被用来加深学生的思考。随着课程进展，学生可以探求自己所提问题的答案，从而成为学习的主人。"

卡伦的教学工作经常涉及有严重学习障碍的学生，但他们对她提出的问题反应良好。

她说："每个孩子都感到被包容和被重视，同时，他们的批判性思维和解决问题的能力得到了锻炼。我们无从了解当我的新一批三年级学生高中毕业时，拥有什么样的技能才能成为人生赢家。然而，批判性和创造性思维以及解决问题的能力总是生活的必备技能。"

"幼儿教师必须培养学生的好奇心。如果老师能把控制权交给学生，他

---

① 零点项目（Project Zero）是关于艺术教育的研究项目，由哈佛大学教育研究生院的著名哲学家奈尔森·古德曼（Nelson Goodman）创建于1967年。古德曼认为，艺术作品不仅仅是灵感的产物，艺术也不仅仅是情感和直觉的领域，它与认知有关。艺术过程是思维活动过程，艺术思维与科学思维是同等重要的认知方式。他还认为人们过去花了大量人力和物力来改进逻辑思维和科学教育，对形象思维和艺术教育的认识却微乎其微。他立志从零开始，弥补科学教育和艺术教育研究之间的不平衡，并将这个项目命名为零点项目。

们就能变得更有能力。如果老师们不这样做，就是在帮倒忙。"

◎ 一份孩子心中的事业

亚拉巴马州伯明翰市的一年级教师安·玛丽·科吉尔认为，如果学生们的想法得到重视，即使是五六岁的孩子也有能力与他们的社区以及更广阔的世界建立联系。"如果我们向他们灌输想法，告诉他们该写什么，他们就没有办法和这个世界进行互动。他们必须有选择。他们必须明白'我要说的话很重要'，所以无论是学习如何写诗，还是写关于龙卷风的文章，写丢失的狗，我都要他们自己做出选择，选择只要他们自己心里觉得重要的事都可以。"

安通过校内外展示和班级博客，让学生们拥有了真实的读者。她最雄心勃勃的项目来自2016年大选后学生对世界的期望。她让学生们思考：为了让人们从不同的角度思考我们如何为人，如何善待他人，我们需要做些什么？

"我录了音，因为我知道如果不这么做，我可能会听错。但学生们的想法让我震惊，所以我们做了转录，学生们把它写下来，我们还做了插图。"科吉尔建立了一个网站，展示学生们的插图作品。基于这个系列，她和学生们共同创作并出版了一本书，这本书很快便售罄了。那次经历促使科吉尔指导学生创立自己的事业，销售书签和磁铁等慈善产品。网站（www.kindkidscreate.com）的收益返回教室，为更多学校或慈善机构选择的项目提供资金。

除了学习到了企业家精神和商业技能，她的学生还从这个项目中获得了使命感。科吉尔说："这很重要，我们可能会改变一些事情。他们天天在学校里说'我们要改变世界'。我们可能会改变一些人的想法，有人可能不会再说谎了，有人可能不会再欺负人了，有人可能想要和不同肤色的人交朋友。"

◎ 在中学用问题构建学生与社会的联系

如果教师想尝试以学生为主导的项目，入门要点之一就是让他们的问题根植于他们身处的环境或学校。我就是这么在我那群对彼此非常刻薄的中学生中开始项目的。

为了将问题扩展到真实世界，创造练习同理心的条件，我让学生们在写作小组中共同探讨问题的解决办法，看看他们能否从中找到规律。学生们将这些问题按照情感、环境、空间、友谊等类别进行分类。按照这些类别梳理出写作的观点。

"我们用这些想法为你曾经就读的小学的孩子们写一本书，怎么样？"我问他们。他们非常喜欢这个主意，拥有了真实的读者，他们的写作就开始有了目的。

"我们不能就这么草草了事，"杰里米说，"这是为了孩子们和他们的学习，所以我们必须确保它是正确的。"

写作小组的学生互相帮助，思考写作的话题和观点，他们自然而然地把写作的内容和读者联系起来，并聚焦于像龙卷风、蜘蛛和如何成为好朋友这样的热点纪实类话题。我们研究儿童读物，制作与这个项目相关的锚图。当他们写草稿时，我会和学生们交谈；其他人也会把自己的作品读给别人听，以获得反馈。由于这个项目面向一群真实的读者，有一个真实的目的，所以学生们比以往任何一个项目都要努力。

一位同事用PPT帮助学生创建了学习指南，我修改了制作和出版学生书籍的流程。我们俩都认为要给学生们的这本书10页的标准化内容供他们参考。这些中学生作者用一节课的时间向图书管理员学习，学习如何搜索有用的图片为他们的书配图。每张幻灯片都变成了一个设计好的页面，而且很方便进行协同编辑。轮到我终审时，他们已经互相校对了错误。

尽管要耗费大量的油墨，我们还是获得了特别许可，可以把幻灯片都打印出来，因为校长看到了这项工作的价值。每张幻灯片都经过叠层、裁剪、打孔等环节，然后用塑料环相连。书籍完成后，我和管理员一起寻找合适的时间来展示和阅读这些书。

我们决定利用感恩节假期前一天来完成计划。我找到一位副校长兼专家助理，请他带领我班级的学生去附近的一所学校。计划是让学生们一对一地给幼儿园老师和一年级学生读书，然后把这些书作为礼物送给每个班级。

胡里奥有阅读障碍，这使得他在大部分班级就读时都存在行为问题，这次，他迫不及待地把他的书读给一个又一个孩子听。胡里奥小时候就就读于这所学校，教职工都很了解他。

"难以置信，"他的前辅导员说，"说实话，我不知道他会变成什么样的人，他遇到了那么多麻烦，在家里也很艰难。看到他对孩子们这么温柔、有耐心，我简直说不出话来。"她说着，用手指按住眼角，以免泪水晕湿她的睫毛膏。

教案 13.1
共同制作一本简单的书

条件

★ 与管理者和其他员工保持良好的关系。

★ 与学生和管理者分享对读写研讨模式的理解。

★ 了解计算机和打印机等资源的用法及它们的获取方式。

★ 能够使所有参与的学习者获益的共享资源和时间安排。

★ 花时间让学生进行计划、研究、修改、编辑和打印。

材料

★ 作为指导教材的儿童读物（最好是关于天气、昆虫等单主题非小说类读物。可以请图书管理员找一些涉及诸如家庭、友谊等小读者们感兴趣的话题的非小说类读物。）

★ 电脑（一旦完成论文草稿，我们就会和机房预约时间。）

★ PPT

★ 彩色打印机

★ 一个压膜机

★ 三眼打孔机

★ 半英寸大的塑料环（工艺品店有售），每本书3个

时间

50分钟一节课，共12节

抽一天去选中的班级分享图书

计划

1. 请学生们重温他们的日志和问题卡片，寻找书籍的主题和想法，并把它们记录在图表纸上。在写作小组，请他们把自己的想法归纳为一个想研究的主题，比如龙卷风或友谊。

2. 花一节课做体裁研究，帮助学生提取范例文本中可以学习的元素。

3. 学生们花一到两节课的时间研究主题，并与图书管理员合作，寻找合适的图片。将图片保存在电子文件夹中，供书中使用。

4. 学生们为书撰写草稿，记下信息的出处，并在书中注明（在老师指导下，一个三年级学生就能做到这一点）。他们可以回到该类型主题的锚图，研究范例文本，了解原作者是如何使读者对这些信息感兴趣的。

5. 学生们在写作小组分享初稿，与老师讨论，收集反馈意见。

6. 用1个课时的时间进行修订。

7. 用2个课时的时间撰写和编辑最终稿。

8. 用1个课时的时间装订书籍。

9. 用1个课时的时间去选中的班级分享书籍。

10. 你也多用1个课时的时间来进行总结，撰写项目报告。

调整

学习困难的学生可以求助专家助理，或者在特殊教育协调员或英语语言学习者协调员的指导和帮助下修订语言和句式。

拓展

在高中教书时，我完善了这项作业并将其扩展到英语语言学习者和难民学生中。因为我没有斯瓦希里语、索马里语或阿拉伯语的书，学生们创作了这些书。像泰国语、缅甸语和其他语言，因为我们无法使用键盘排版，学生们就手写下他们的母语，然后再把每一页上需要的句子拍下来。暂时还没有掌握如何书写自己母语的学生也通过和同伴或说该语言的成人合作的方式，完成他们故事。

学生们使用了我之前描述的方法，用母语和英语讲述简单的双语故事（例如关于他们国家的某句名言，如"耐心点，你会得到你想要的"），并配以自己创作的插图。学生们把这些图画的照片做成幻灯片。最后一步，他们录下自己用母语和英语朗读这本书的音频，将MP3音频文件上传到班级网站上，供家长、兄弟姐妹或任何想听和读的人使用。

◎ 用项目帮助学生明确指导原则

宾夕法尼亚州福克斯查普尔区高中的梅丽·库珀管弦乐队演奏课和纽约费尔波特高中的理查德·欧尼比内的化学课有一个共同点：老师推动学生去思考超越课本的东西，思考自己想成为什么样的人。

欧尼比内说："如果我培养了100个化学家，但他们都是坏人，这不是成功。自私地说，我希望他们成为好人，这才是我们活着的原因。毕业20年后你和某人交谈，他们不会记得课本，只会记住人性，记住那些让他们快乐、让他们感觉到被爱或者鼓励他们成为更好的人的事情。六月的考试过后，学生就会忘记那些物理题。如果我想成为一名有影响力的教师，我所教的就不应仅仅是物理或化学了。"

同样，库珀也抛给她音乐系的学生一些重大的命题：你的处事哲学是什么？你人生的指导原则是什么？学生们在思考自己珍视的东西和自己想通过学习获得的东西时，决定创建4个帮他们将自己的哲学付诸实践的核心支柱理念：

1. 增加接触到音乐的机会——打破社会经济或能力等的限制。

2. 给予教育——帮助那些没机会接触到音乐的学生，挖掘他们的潜力。

3. 培养观众——在不同寻常的、可以与观众互动的地方表演，比如博物馆。

4. 鼓励对表演的享受与热爱——在有主题的多媒体演示中展现创造力。

在学生们创建了4个"支柱"并对其表示赞同之后，库珀带领学生进行了一次头脑风暴，讨论符合4个"支柱"的快闪音乐会演出场地。学生们随后投票决定在快闪音乐会上首先实践哪一条核心理念。所有管弦乐队的学生都参与了音乐会的策划。但是，学校要求只能演奏一场音乐会。她最惊讶的是，他们计划在当地一所盲人学校举办音乐会。

"他们想为孩子们演奏，但他们想做的不止这些，他们想教盲人孩子们如何演奏乐器，"库珀说，"也想和那些可以教他们阅读盲文音乐的孩子合作。他们希望这是一个来回，因为我们花了大量时间讨论给予也是一种获取。"

对于践行另外3个核心理念，学生们决定在一所中学举办音乐会以达到教育的目的；在菲普斯音乐学院举办一场花卉主题的多媒体秀，以鼓励人们享受表演的乐趣；在卡内基科学中心举办一场联合创作的科学表演以培养属于他们的观众。

欧尼贝内的学生们在学校里协助策划了兄弟周/姐妹周的庆祝活动，建立了合作互惠的学生团体。这些较大的项目源自每个秋季学期课程开始时他对学生们的要求。他让学生在开学第一周互相采访，并参加小型的破冰活动，从而帮助学生能够自如地与不同的人交谈。

欧尼贝内说："在我的教室里，我希望任何孩子都可以向其他孩子寻求帮助。毫无疑问，如果你有能力回答别人的提问，那就消除了恐惧的障碍。他们喜欢有时被迫走出自己的舒适区，因为一般来说，按照青少年的习惯，他们不会向同龄人寻求帮助。"

他还做了其他选择，包括在红丝带周期间讨论药物滥用以及身边受毒瘾影响的人。在兄弟周/姐妹周期间，他们讨论各种各样将人区分开来的问题"主义"，譬如种族主义和性别歧视，然后写文章记录自己因与主流文化不同而成为攻击目标的经历。

"22年前我开始这么做，当时另一位老师和我被校长叫去参加一个家长会，参会的主要是有色人种的家长，讨论如何让我们的学校更受欢迎。"他说道，"当93%的学生是白人时，作为一名有色人种学生真的会心生恐惧。我们很少有犹太或穆斯林孩子。那么，那些有色人种的小孩怎么办？我们想到了'费尔波特大家庭'这个概念，即'我们是一家人'。我们努力让人们感受到爱，这已经成为我们地区的风尚，这里成了孩子们生活的好地方，也成了工作的好地方。"

然而，这么做并非没有风险，建构团体文化既困难，又费时。对于许多老师来说，他们不理解，有这么多课要上，为什么还要在教室里研究风气和文化。

"但那就是学生们记得的东西，"欧尼贝内解释，"这些老师不习惯表露出人情味和关怀，但其他人并非就不在意，只是他们从来没有想过这很重要。我在教代数，为什么要称赞蒂米篮球打得好？而对于蒂米来说，这是此刻他在这个世界上最重要的事情。"

他强调，良好的课堂体系以及与管理人员的良好关系对这一过程很有帮助。"这不是你走进来说'嘿，我们今天来谈谈感情吧'这样的话，他们并不会领情。在中学阶段，在结构和爱的平衡中，我们过于关注结构而忽略了爱。我们有州试，我们必须做这个做那个。要在对你个人有用和满足学生需求之间找到平衡，这确实很困难。"

◎ 以当前事件为切入点吸引更多学生参与

允许我的学生尝试自主、研究和互相建立联系的另一个小步骤源自一本经典老书：亨利·大卫·梭罗（Henry David Thoreau）的《瓦尔登湖·论公民的不服从》（*Walden and Civil Disobedience*）（1849–1852）。

我认为梭罗不仅是潮人鼻祖，而且是真人秀第一人，他能够改变人们对科技的看法。

构建这个阅读框架的大问题包括：

我们与科技的关系是什么？我们的人际关系中，有多少已经被机器所取代，尤其是被随身携带的手机所取代？整天盯着屏幕会有什么收获？有什么损失？

孩子们越来越多地受到科技的影响，帮助他们面对面地互动变得至关重要。

社交媒体让我们中的许多人，不仅仅是学生，将"赞""评论"和"转发"误认为是在建立正常的人际关系。试图切断这种关系的人们意识到，他们已经不能心无旁骛地静坐了。没有了手机，他们开始环顾四周。因此，项目和服务学习的机会就成为一种有意义的方式，它们可以满足人类对目标、联系和价值的更深层次的需求。

当我的学生阅读梭罗和爱默生（Emerson）的作品时，我们玩了"瓦尔登湖挑战"的游戏。在这个游戏中，学生们像梭罗一样暂别人类社会，深入大自然。在一节课上，他们同意把所有的电子设备都锁进我的柜子，记录在没有连续不断地干扰的情况下大脑中发生的一切。

接着，我们走到户外，静静地待着，观察自然环境。不管我们是走到草坪上，还是在棒球场、足球场或跑道上散步，我都让学生们记下他们的反应。许多学生在挑战初期感到焦虑，之后变得很平静。大多数人报告说，他们在没有手机的情况下出现了"震动幻觉综合征①"，这让他们感到震惊。

作为收尾活动，我们记下了这些要点，然后重读梭罗的散文。学生们品鉴名言名句，甚至以科技为主语改写了部分句子。例如，"不是我们驾驭火车，而是火车在驾驭我们"被改成了"不是我们玩Xbox②，而是游戏玩我们"。

内特·鲍林在他的课外读书俱乐部为学生们的旧课本注入了新活力。将近24名政治和地理专业的学生聚集在一起，用90分钟的时间将安·兰德（Ayn Rand）的客观主义哲学与国会多数党共和党的现行政策进行了比较。他帮助学生们化思想为具体行动，例如为塔科马市议会起草一份请愿书，增加对无家可归的儿童和公共交通的资助。他的学生还游说州议员为低收入家庭的学生提供上大学的资金。

"我把研究政府看作学习一门语言，所以我把思考这些问题看成上

---

① 震动幻觉综合征（phantom vibrations）指手机明明没有响动，却总感觉手机在震动或者在响的幻觉或错觉。

② Xbox是由美国微软公司开发并于2001年发售的一款家用电视游戏机。

西班牙语课。"鲍林说，"如果你只在西班牙语课上想着西班牙语，你永远不会提高西班牙语水平。但如果你一直在想西班牙语，练习它、阅读它，你会学得更好。所以我鼓励学生浸入政府的世界，成为政府的深度观察者。"

◎ 为学生参与校外社区活动创造空间

当课堂上出现问题时，人们很容易放弃更深层次的学习项目。我花了好几年的时间才明白，面对困难时不逃避需要多大的勇气。我的意思是，要对程序和行为上的问题感到好奇，而不是被它们惹恼，这是我经过长时间的思考得出的结论。这其实很简单，比如出现问题时，你可以把学生拉到一边，私下问他们发生了什么。

贾哈娜·海耶斯发现自己的高一历史课的学生不听话之后，决定试试这个方法。她发现这7个人有一个共同之处：他们的父亲或母亲都因为癌症而去世了。她在开学前几周一直忽略了这个点。这些学生帮班上另一个女孩建立了一个支持网络，她的父亲刚去世不久，母亲在临终关怀中心。

"我崩溃了。首先，我怎么会不知道呢？其次，这些孩子根本不在乎我说什么。你如何教育处于危机中的孩子？"海耶斯说，"我太专注于课程，以至于忘记了教室里还有人在应对生活。"

作为回应，她开始问学生以下问题：

★ 对你来说最重要的是什么？

★ 如果你能改变这个社区，你会改变什么？

★ 我们如何参与改变身边正在发生的事情？

海耶斯和她的17名学生共同创建了一个名叫"接济天下"的课外俱乐部，最终发展到130名学生。他们的第一个集体行动是参加名为"为生命接力"的抗癌接力活动。俱乐部的下一个计划重点是他们的邻居，通过打电话和组织志愿者，发起清洁和修理活动。

"孩子们一开始会说'这个问题对15岁的孩子来说太大了，没法解决'。后来，一群15岁的孩子聚在一起，解决了这个问题，他们为此感到非常自豪。他们用这样一种方式来照亮黑暗，让那些愿意帮助他们的成年人也加入进来。"海耶斯说。

为了帮学生扩大服务的范围，她与仁人家园[①]合作，将目光投向新奥尔良，那里离他们在康涅狄格州的家有数千里之遥。因为他们是一个独立的课外组织，俱乐部需要自己筹集资金前去。海耶斯为他们注册加入了一家连锁杂货店的会员卡计划，并鼓励员工和家长将俱乐部指定为该计划慈善事业的受益者，无论他们何时购物，都可以捐赠。学生们联系当地的专业人士和企业来募集捐款，争取家长们为员工发展日制作煎饼早餐，并在圣诞节期间烤制馅饼出售。

一旦学生们到了仁人家园的现场，年龄超过16岁的学生就可以去建造房屋，年龄较小的学生则在当地的一所学校做志愿者，他们给学校带去书籍和学习用品。回到家后，即使他们的课程表被班级作业、兼职工作或课外活动排得满满的，学生们仍会想办法参与服务。例如，一名学生想帮助妇女收容所，但她无法在正常时间做志愿者，于是决定烘焙甜点搭配书籍寄送过去，这促成了该收容所的周二读书俱乐部活动。

---

① 仁人家园（Habitat for Humanity）是一家致力于在世界范围内解决低收入群体的住房问题的非营利组织，总部位于美国佐治亚州，成立于1976年。

"这只是其中之一，我们很想弄明白为什么她明明没有时间却仍能参与其中。"海耶斯说，"她告诉我们，答案是把自己喜欢的、擅长的东西变成服务项目。"

这种个性化的志愿服务得到了家长们的支持，该地区的负责人也注意到了这一点。

"最终，你会看到学生的表现越来越好。我的主管会说'告诉我这怎么量化，这怎么衡量'。但你必须相信：你已经给了学生工具，让他们成为好奇的、批判的思考者和问题解决者，现在我们需要让他们使用这些工具。我教给了学生们民主和投票的流程，现在轮到他们向我展示，在社区里要如何做一个合格的公民。"

· 第四部分 ·

用我们的问题
变革教育实践

> 我们的社会只欣赏虚荣：现如今，你可以用风把人填满，然后像弹气球一样将他们弹来弹去。但是这个人，苏格拉底，并不想碰虚无的概念，他的目标是为我们提供真正地、密切地服务于生活的要点和戒律。
>
> ——米歇尔·德·蒙田（Michel De Montaigne）

我认识的每一位老师在其教师生涯中都会有一次糟糕至极的经历，它足以从一堆令人麻木的经历中脱颖而出，令人印象深刻。下面这个是我的故事：

由于全国范围内校园枪击事件的增加，我所在的学区和美国其他学区一样，在秋季开学前两天，为教师增加了强制性的"射击训练"。

为了这次特殊的培训，我们被赶进了学校的礼堂。在光秃秃的舞台上，一个孤独的男警官拿着麦克风在聚光灯下踱步。这在我看来就是20世纪90年代单口相声的舞台布景，我们的演讲者应该也这么认为。他有点自暴自弃了，无论说什么，都会插入几句性别歧视的评论。

"现在，女士们，"他操着一口浓重的得州口音，把元音拖得很长，"说到安全演习，你们是世界上最差劲的。发生这种事的时候，你们得放下手机。现在不是打电话给你丈夫，问他晚饭想吃什么的时候。"

他举起一把锤子，继续演讲。

"女士们，你们知道这是什么吗？这是一把锤子，它不会弄坏你的指甲。事实上，它可以救你的命，因为你可以用它敲破窗户逃跑。"他说。

这是他整个演讲中信息量最大的部分。在我们的校园出现突发事件时，挥舞锤子是我们应该知道且能够做的全部事情。这次演讲不仅浪费了时间，我们几个人后来写的批评意见其实也给我们增加了额外的工作。

尽管大多数专业能力培训不会像上述例子那么夸张，但其中大部分都会遵循以下几点：

★ 面向全体教员泛泛而谈，没有针对性

★ 被动

★ 强制参加

★ 与老师个人或各个部门无关

★ 权威等级分明——一两个所谓的专家向听众灌输知识

★ 模式固定，照本宣科

★ 听众毫无参与感

有时候，正是我们使得这类培训浮于表面、流于形式，因为我们总是询问其中的"技巧、诀窍和技法"。说实话，我们知道很多人的文件柜里堆满了这些玩意儿，而我们从来不会回头再看一眼。受到周围的压力推动，我们总是在追求解决问题的捷径，这让我们做出反应，而不是反思。而且，无论从身体上还是智力上来说，上这类培训课程很容易。这也是我喜欢更深入、更需要合作的培训课程的原因，这类课程要求我相信自己思考的能力，和其他老师一起参与创造。

与帕克·帕尔默的交谈让我明白，在我们的教学生涯中，人与人之间的隔阂不断加深，而这种隔阂带来的是职业性沉默。

"当你能够将人们彼此隔离时，你就阻止了他们有效地抵制最糟糕的规则和最有害的制度。"帕克说道，"教师们鼓起勇气授课的力量，源自他们亲身感受到的社区的力量。"

他建立了"勇气与复兴中心①"，休养的教师会在这里度过两年，放慢个人和职业发展的进程。在此期间，教师们会参加5次至8次每次为期3天的静修。

"他们学到的第一件事是，他们不是一个人在担心，"他说，"我认为这是一个老生常谈的现实，一旦为一个重大问题操心，你会将自己隔绝，觉得自己是唯一一个在关心该问题的人，认为一定是自己疯了，而不相信是这个世界疯了。"

◎ 我们对于失去掌控的恐惧

学生们被要求参加某些会议，会议上有人全程朗读PPT，讲解学校的规章制度，我们不得不成为他们演讲的人质，没有比上述经历更值得让我同情的了。它让我们感到无力、透明、不受尊重。相信你也有同样的感受，因为这种糟糕的会议是惯例，而不是例外。一项对美国教师的调查显示，90%的教师每年都有类似的无效经历。从第二期拨款②花费30亿美元来看，这不仅是费钱的问题，而是如何改变教师培训方式的问题。

在我主持或参与协助的会议汇报和评估中，教师和行政人员报告说，他们在开展下列工作时，能学到更多的东西：

★ 互相交谈。

★ 分享与教学内容相关的资源和实用想法。

---

① 勇气与复兴中心（Center for Courage and Renewal）是1977年由作家、活动家、教育家帕克·帕尔默建立的非营利组织，旨在培养个人和职业的诚实正直，以及践行该理念的勇气。

② 第二期拨款（Title Ⅱ）旨在通过提供持续、密集、嵌入工作、数据驱动以及以课堂为中心的有依据的职业发展活动，提高老师和领导者的素质，帮助学生取得成功。

★ 参与体验式学习。

尽管这些方法获得研究的支持，并且对大多数教育从业者都有意义，但它并没有在美国普及。原因何在？我认为我在本书中倡导的学习也非常态是出于同样的原因，即权力问题。正如为了在课堂上培养学生的好奇心、创造力和合作精神，许多教师对他们不得不放弃的权力感到不舒服一样，许多管理人员出于同样的原因也难以给予教师同样的信任。赋予教师自主权，似乎会让管理者自己放弃角色、削弱自己的权威。这就形成了一个压力循环，也解释了为什么这么多的教师专业培训就像拼贴画，靠习惯、熟悉的面孔和从文件夹中飞出来的宣传单拼凑而成。

如果教室外的管理者控制着会议的内容，那么每天给教师协作时间也无济于事。当你要求老师完成会议工作必须填写表格作为"证据"的时候，这比要求学生在教室里除了写作业其他的都不能做也好不到哪儿去。以我的经验，管理者的本意虽好，但他们并不能成为教学上的领袖。他们经常被要求参与教师合作，在那里发号施令，高谈阔论。

这样的循环在地区级学校的管理层继续着，向董事会负责的领导者必须要留出时间举办这些会议。与其抱怨员工在实践中无所作为，不如直接称这些学校为"专业学习社区"。学校所在的社区、州和联邦部门用税收向学校提供资助，学校董事会成员迫于压力必须向他们展示学生从这些资助中获益的证据。

"这归咎于我们对产出和结果的痴迷。"帕尔默说，"我经常和听众谈论一件事：如果我们仍然痴迷于产出和结果，把这当作最高的标准，将会产生什么后果？可以想见，我们只会着眼于获得那些肉眼可见的小成就。这意味着，在教育中，我们不再对教育孩子感兴趣，我们感兴

> 这个时代的主要特征是恐惧，对他人的恐惧，对穷人的恐惧，对移民的恐惧，对难民的恐惧，对穆斯林的恐惧。这就是领导者为了获得一些权力而做的事情。我们害怕别人，他们保证我们的安全，当然这只是一个虚假的承诺。
>
> ——玛格丽特·惠特利

趣的是让孩子们通过考试，这是两个非常不同的任务。在这个过程中，我们享受着一种错觉带来的安慰，误以为我们正在获得重要的成果。"

即使校长和管理者们认为他们已经给予老师鼓励或许可，他们仍需确认是否给予了教师给出和接收真实反馈的条件，下一章我将会讨论这一点。这将是创造推动各种与教学和学习向前发展的有关对话的一大步。

第十四章

用教师的问题引导教师会议
及规划职业发展

> 把时间用在读书上，这样你就能轻易获取他人的劳动成果。
>
> ——苏格拉底

◎ 教师的身份意味着什么

我当老师的第一周简直是灾难：每天都哭着开车回家，而且不止一次地打电话给我的编辑，恳求他让我回报社工作。

当时唯一空缺的岗位是七年级的写作老师，我以一种只有非教师才会有的傲慢接受了这份工作。很快，幻想成为电影里的老师的那些想法被现实所粉碎，现实就是你面对的是一群混迹街头又脆弱多疑的12岁孩子。

两个月过去了，我终于鼓起勇气，第一次给学生父母打电话，表达

---

① 西班牙语，意思是老师。

对胡安的关心。

胡安是一个易紧张、荷尔蒙分泌旺盛、无所事事的男孩,他在课桌上画生殖器官,在阅读课上专心给隔两排的女孩写情书。他哄其他男孩在朗读课的时候跑去摔跤和练习拳击。大多数时候,你问他问题,他就翻个白眼,用牙齿发出吮吸的声音。

"伙计,我讨厌这门课。"他一边说,一边把"你个烂人"几个字刻在自己的桌面上。

你个烂人。

这个批评,让我频频联想到自己。因此,我战胜了恐惧,给他父母打了电话。多亏了学校辅导员的翻译,我把胡安对我的权威犯下的所有罪行用生动的西班牙语描述了出来。

"他父亲很不高兴,想让你知道他会处理好这件事。"辅导员奥利维亚说着挂断了电话。

就这样,我相信不会有什么结果了。为了安抚仍紧张得颤抖的自己,我想象了一些可能的场景:胡安锁起他的任天堂游戏机,或者被勒令免费给街坊邻居的每一块草坪割草。

第二天放学后,当胡安和他的父亲出现在我门前时,我很惊讶。胡安的父亲双手粗糙,脸上布满了岁月的痕迹。他走进来,弯下腰。

我担心他是来告诉我,我是个骗子,并要求给他儿子转班。但当他摘下棒球帽时,我的戒备很快就消失了,他用通常对身处高位的人才会用的语气跟我说话。

"皮普斯女士,"他开始说,"我来为胡安对你的冒犯道歉。"他把胡安拉到前面,看着他:"这位女士是值得你尊敬的人。她是La Maestra。

听她的教导你才不会成为我这样的人。你要尊重老师，向老师道歉。"

La Maestra。

我以前从未听说过这个词，他叫我La Maestra。

老师。

不管胡安的父亲是否知道，他拯救了我，让我放下了所有的怨恨和自怜。我所能做的就是微笑着回应他，并不断地感谢他。

"不，谢谢您。"他说。

他们走后，我站在那里，盯着门，感到自己的心被紧紧地握住。胡安的父亲给了我一个头衔和一个身份，直到今天，我仍然把它视为一种荣誉，一种担当，一种责任，一个高贵的头衔，这是对我一生工作的描述。

直到一位同事邀请我深入思考一个关于使命和身份的问题，我才记起这件轶事。我们组了一个小组，尝试用自己的问题作为职业发展活动的主题。每个人把自己的问题写在卡片上，然后随机分发，选择一个与自己能产生共鸣的问题。我选择了这个：

我感觉自己不再是一个受人尊敬的专业人士了，在这里工作很艰难，但我爱孩子们。如果教学是一种使命，有没有办法回到那种真实的感觉？有没有一种方法可以在我们感到筋疲力尽时，帮助我们思考教师的身份意味着什么？

一旦选择好一个问题，我们就静坐思考一分钟，然后"深入问题里去"，利用10分钟的写作时间记下自己的灵感、故事或想法。上面的匿名问题帮助我第一次深入思考自己作为一个"真正的老师"意味着什么。

在重拾自己的故事之前，我们也听取他人的故事、他人对教师的定义、他人对教师的期望、他人关于学校和教育的定义。当我们彼此分享我们不能指望少数既得利益者给我们时间思考。而我们需要时间来辨明方向，获得勇气。如果我们想改变世界，首要的行动就是腾出时间去思考。在此之前，任何事情都不会变得更好。

——玛格丽特·惠特利

时，是在实践一种个人的、可持续的职业发展形式。马歇尔·甘孜（Marshall Ganz）称之为"公共叙事的力量和领导叙事的艺术"。他写道，我们"必须分享自己的故事，并学会把故事讲给别人听，这样他们才能理解推动（我们）行动的价值观，如此才有可能推动他们自己的行动"。

作为系主任和职业发展专员，我采用的最简单也是最深刻的实践是欢迎老师们以写作的方式展开会议，然后寻找合作伙伴，互相朗读。

当我借用学生课上的问题方案来讨论问题时，这样的开场方式改变了老师们在一起的相处模式，比那些愚蠢的破冰游戏或其他互相了解的实践练习更快地让我们深入了解彼此，和彼此建立起联系。我们在用那些方式说话时会感到害怕和犹豫。我认为教师这门职业需要我们保持天天向上的状态，和学生一样，我们也会因此而感到孤独和孤立。

教学和就医一样，都是非常私人的事情。向他人学习，和生病时一样，都要暴露自己没有防备、易受伤害的状态，把自己的弱点暴露给他人。说"我不知道"或"我生病了"，以及相信别人会了解我们的情况并来帮助我们，都是有风险的。这就是为什么用"例行公事"来填满我们的日子会更让人心安，面对每天压得我们喘不过气来的、过多的责任，我们可以用清单和目标武装自己，不去追问究竟发生了什么。

将教师的职业发展设计为一个嵌入式的、迭代的过程帮助我们重塑了身份，我们是教师，是学习者，也是具有能动性和专业知识的教育者。我们不需要等待某个群体的同意或某种许可，只需要坚信：作为一名教师，最好的工作成果来自于人与人之间诚实勇敢的对话。如果这也是你想要的，你和你的同事必须明白一点，也是我想补充的重要一点：没有人会因此称赞你，也没有人会帮你减轻难度。所以，你们要彼此确信，明确要为此创造必要的时间和空间的原因。

作为教师，当面对那些不为人知的难题时，我们会感到自己孤身一人，遭受无人理解的苦痛。这条路上哪怕多出一个人陪伴和理解，我们就能在痛苦时，给彼此鼓励和安慰。

方案14.1提出教师内心的真实问题

目的

开始时，可以使用方案1.1（第一章中"收集学生内心的真实问题"）的修改版。这对已经在彼此间建立起信任的团队以及那些有可以提出范例问题的人的团队来说，效果最好。

确保每个人理解不受干扰的安静环境的必要性，这至关重要。我最糟糕的一次经历就是有人打破了沉默，人们开始说话而不再专心写作。

教师和学生都需具备以下条件：

★ 一个用于写作和思考的严肃的空间。

★ 每个人都要有尊重他人，待人友善，乐于接受新思想的态度。

★ 舒适的、彼此信任的讨论氛围，可以共同思考。

★ 相信他人的专业知识和他人解决自身问题的能力。

★ 愿意倾听他人的心声。

材料

★ 开始活动的阅读材料（可以使用本书中的提到的材料）

★ 就困扰你的问题而写的一些反思性文章

★ 一个计时器

★ 从里到外的安静

★ 每个成员一份本方案的副本

★ 索引卡（足够每人一张）

时间

以10分钟为一个周期，但你也可以决定为任何部分延长时间，或者尝试扩展方案内容。

介绍

苏格拉底说过，未经审视的生活不值得过，但对于教师这个职业而言，要审视生活并不容易。这一方面源自时间压力，另一方面源自职业压力：作为老师，要时刻表现得很有能力，确保自己能够掌控一切。质疑会破坏老师对事情的掌控感，让他们感到受到威胁。于是，我们常常试图通过分散注意力和保持距离感来管控这些风险，结果往往是自己与从事这项工作的动机越来越远。给自己空间、时间和勇气来重新思考问题，这是找回个人意义和最真实的出发点的第一步。

欢迎问题，意味着打破孤立，这种孤立不仅发生在教师之间，而且发生在所有人之间。作为一种文化，人与人之间的距离越来越远，被技术变革的步伐、社交媒体展示的残酷世界、24小时的新闻播报以及源源不断的通知和短信息所淹没。安静地坐着，倾听内心的想法，变得极为困难。

在17世纪，布莱斯·帕斯卡（Blaise Pascal）曾经提出，我们的许多问题都源于无法在一个空间里安静地坐下来。我们害怕听见自己的内心和思想。他说，这就是为什么我们渴望分散注意力，终日行色匆匆，让生活充满忙碌的原因。如果我们给自己的想法以时间，我们可能发现以下问题：

★ 这样做有用吗？

★ 我这样做的后果是什么？

★ 撕去所有标签，我到底是谁？

★ 我为什么要留在这里？我对他人的责任是什么？

克丽斯塔·蒂贝特（Krista Tippett）写道，这些问题激发了"我们内心原始的、本质的、有生命力的东西"，如果我们将此带入意识层面，我们就可以从中"汲取知识和经验，共同挖掘生活的智慧"。

目标

帮助老师思考对他们来说真正重要的问题，把这些问题描述出来，表达清楚，用这些问题促进职业思考和学习。

基于这些问题，你可以将你深感好奇的地方与你的教学实践联系起来。从个人角度看，联系自己的问题会改变你教学的境况，也会帮助你在处理教学难题时，找到自己从事教学工作的深层动机。

说明

切断所有让你分心的东西。不要把你的名字写在卡片上，因为匿名会让你诚实书写。写下你想要请教世界上最聪明的人、最好的治疗师甚至上帝的问题，问题多多益善。不要中途停下来去谈论它们，担心它们，或试图解答它们。尽快把问题写下来，如果你觉得没什么可写，或者发现自己早早就写完了，请安静地坐着。

* **1分钟**——阅读介绍和说明。

* **5分钟**——小组成员开始写作。鼓励他们写问题，但如果有人不会写，允许他们安静地坐着。不许讲话，不许使用电子设备，也不许打断自己或他人。

* **3分钟**——总结。老师回答写作过程中遇到的问题：困难的是什么？简单的是什么？令他们惊讶的是什么？

* **1分钟**——要求他们将卡片对折以保护隐私，然后收集卡片。

拓展

你可以通过阅读问题来开始讨论，也可以将这些问题作为反思写作的提示。或者，你可以让这些问题"发酵"一会儿，作为另外一个会议的开场白或结束语。当你在安排其他的会议时，可以用这些问题指导小组讨论，也可以将它们用于我稍后会提到的探究小组中。

帕克·帕尔默建议用问题来鼓励人们讲故事：

> 我问伊斯霍玛霍斯（Ischomachus）："教学是否包括提问？"是的，你的知识体系的秘密将给我启示，让我明白你为什么如此提问。你引导我走过自己的知识领域，将已知和未知进行类比，使我相信，迄今为止，确实有我相信却不知道的事情。
>
> ——色诺芬，引述苏格拉底

让发言者用15分钟的时间讲一个故事，然后让听众提出坦诚开放的问题，这就变成了另一种形式的对话。

首先，这可能是有人在很长一段时间里第一次觉得自己被倾听了。它做了我们想在教育中做的事情——引出一个人的内在智慧。诚实的、开放的问题会让他们以"新的深度"和"新的方式"思考自己在说什么。

人们第一次意识到自己的经历并非唯一，从同龄人那里得知，还可以通过其他方式来看待他们所经历的事情，这样的团体帮助我们做到这一点。我们教给别人的，不是如何修正错误、提出建议和纠正彼此，而是要教别人如何提出开放和诚实的问题。

许多教师擅长在课堂上促成深入的讨论，但对于同事之间如何展开复杂的讨论却没有概念。例如，在教育中，种族主题很重要，但寻找开展相关讨论的切入点却很难。82%的美国教师是白人，很多老师甚至没有意识到这个问题需要讨论。

"为什么我们对学生和他们的学习抱有如此高的期望，而对自己的学习却没有？我们对作为学习者的成年人没有任何期望。"何塞·威尔逊在最近一次交流时对我说，"我们希望学生成为终身学习者，却不要求成年人这么做。就好像我们认为在一段时间的学习之后，成年人已经不需要学习了，或者作为老师，我们没有什么要学的，或者我们并不接受终身学习的理念。我认为这是一个更深层次的问题，尤其是涉及令人不那么舒服的事情时。"

在信任的环境中进行探究，老师们可以谈论工作中感觉到但无法求证的现实。当我们问自己是谁时，就会发现影响我们力量的方方面面：性别、种族、年龄、社会经济地位、宗教信仰、语言和自身的不利条件等。

如果我们有足够的勇气，能腾出空间来思考这类问题，我们的职业生涯将会得到怎样的发展？每当有幸加入一群愿意在这个层面上保持好奇心和承认自己有所欠缺的老师时，于我而言，都是最充实的职业成长。

◎ **围绕常见的实践问题发展教师探究小组**

在第二章中，我们提到有一个教师团队创建了"苏格拉底圈"的方案，并用一年时间对其进行了改进。我们重新安排了我们的在校时间。最近，我们本区的中学将上学期间每天的1小时时间（小学每周1小时）规定为协作时间，这有助于我们思考如何重新利用时间资源。校长调整了总课程表，每6周召开2次探究小组会议，一学年一共12次。

我们开展了简单的调研以了解更多（例如学生参与度），并根据调研结果为每一个探究小组配置了一名教师。该调研收集学生的答案，并将不同学科的教师分在一个更小的小组中，让他们一起参与主题调研，并将结果报告给学校管理层。

我的小组因为对如何提高学生参与度感兴趣而成立。小组成员包括社会研究部的几位老师，他们几乎都是体育教练，此外，还有我所属的英语系的几位老师。我们想在第一次会议上找到一个主题，然后由6至8名来自我们内容教学领域的老师组成一个小组，对主题进行调研。

会议进行了几分钟之后我们发现，很显然，我们不知道如何与对方交谈，也不知道如何完成任务。我们对如何找到探究目标，如何展开富有成效的交流无能为力。因为无法实现有效的沟通交流，我们最后只能在房间里互相抱怨。

学校新来的一位老师占用了大部分时间大倒苦水。她没有为会议提供结构清晰、目标明确的方案，我们只能充当听她诉说不满的听众。从她身上散发出来的不满情绪波及了小组其他成员，每个人都感到很沮丧。

这种情况并不少见。密歇根州立大学副教授克里斯蒂·库珀（Kristy Cooper）被我们校长聘为咨询顾问，负责组建和管理探究小组。她主持了一次职业会议，会议上她分享了霍恩（Horn）和利特尔（Little）的5个与"教师谈话"相关问题的研究：

1. 使隐性知识①在群体中显现

2. 避免对抗

3. 避免分歧

4. 做出假设或允许做出假设

5. 有时间上的紧迫感

所有这些都困扰着我们的小团队，阻碍着我们的合作。我们每天已经有太多的事情要处理，而这个小组活动已经成为我们每天"不得不应付的另一件事"。我想，摆脱这种混乱局面的唯一办法，就是让小组中的英语老师们冒点风险，说些实话。

"我非常讨厌这种强迫性的会议，所以我现在要做点疯狂的事情。"话音一落，他们朝我看了一眼。

我把手机放在面前，关机，然后塞到桌子底下。"我想让自己真正参与到这个会议中去，我邀请你们和我一起试试。"

---

① 隐性知识（Tacit Knowledge）是迈克尔·波兰尼（Michael Polanyi）在1958年从哲学领域提出的概念，波兰尼认为："人类的知识有两种，通常被描述为知识的，即以书面文字、图表和数学公式加以表述的，只是一种类型的知识。而未被表述的知识，像我们在做某事的行动中所拥有的知识，是另一种知识。"他把前者称为显性知识，将后者称为隐性知识。

我不再说话。接下来的几秒钟是痛苦的，我迫使自己安静地坐在另外5个成年人面前，等待他们的反应。

作为系主任，我没有实权威胁或强迫他们做任何事。他们可以不理我，离开会议，或者当面嘲笑我。然而，示弱也是一种力量，但我们这些领导者通常看不到它的力量。

当你表现出真情实感时，别人也会对你袒露真实的一面。事实上，我们很多人都想那样做。我们彼此间的联系越来越少，我们常为此感到焦虑和难过。科技会分散我们的注意力，这似乎是对我们内心焦虑的一种回应。科技带来的联系给人一种我们彼此之间有联系的错觉，就像玩电子游戏给人一种运动的错觉一样。真正良好的人际关系的驱动力非常强大，一旦得到支持，它会激发我们的创造力，帮助我们找到解决困难的方法。

如果人们愿意付出真心，事情就会变得容易得多。领导者可以邀请大家一起建立共同的行为规范。我在教年幼和年长的读者写作时感受到了写作的力量。刚在一起工作的人们总会有种暴露感，而写作会有助于减轻这种不适感。因此，我问小组成员，是否可以花几分钟时间写下关于干坐到底的那种会议的糟糕体验。我们可以通过感官来搜索记忆：

★ 你记得看到、听到、感觉到了什么吗？

★ 你记得房间里的气味吗？

★ 你记得提供的食物和饮料的味道吗？

这次写作让我们意识到，我们并不希望以这样的方式度过在一起的时间。然后我问了他们相反的问题，即他们能记住的最好的学习经历是怎样的，也要求他们写出感官能体验到的那些细节。

我们总共花了大约10分钟时间，这让我们能够为接下来的会议制定一套规范。"我们可以避免那些情况发生，"我说道，"我们要把时间用在解决真正的问题上。但如果我们这次不能就一些基本规则达成一致，就无法继续进行。"通过写作，我们讨论了想要避免的模式和想要鼓励的行为。成年人会很容易忽略制定规范这个步骤，因为他们会认为并不需要。但事实并非如此，尤其是关系到个人设备使用的问题，例如万恶之源——手机。规定在会议期间如何使用手机会使每个人的学习体验更好。

因为很多人用短信联系孩子，所以很难要求他们在整个会议期间关闭手机。但如果小组里有一两个人总是盯着手机屏幕滑动和点击，小组中也很难进行深层次的讨论。因此，在小组活动中，我们同意将手机面朝下放置，不在讨论时查看手机，如果有人需要收发短信或接打电话，他们可以离开房间。

当我和帕克·帕尔默谈到教师们很难在工作日集中到一起时，他认为教师们需要自发地组织起来，就像社区组织者为"急需改造的社区"所做的那样。

"当教师们以社区组织的形式有意地聚集在一起时，顺便说一句，不一定是教学楼里或小区里的所有教师……我坚信我们会发现更多的可能性。"帕克说道。

"一小群人做了示范，其他人就会感兴趣……因为他们会看到同事有了新改变，他们也想要改变。教师们就可以这样互相支持、互相学习。如果你刚开始只和三四个同事一起工作，不要绝望。你仍然可以播下一些好种子，让别人看到一些可能性。"

我们意识到，在这个小团队里，我们可以成为朋友，而非竞争对手。

正如我的一个朋友所说，我们不必拿我们的内在去和别人的外在比较，或者拿我们的"第一章"去和别人的"第十二章"比较。要展开这样的谈话，我们需要形成一种范式，帮助每个人开口说话，去表达那些能够推动我们前行的想法。

教师引导的探究小组如何持续开展下去，库珀博士与我们的校长进行了讨论，归纳了霍恩和利特尔的发现，分享了以下6个需要考虑的要点。

方案14.2 专业学习社群的会话惯例

1. 确定一个实践问题。（例如，孩子们在课堂上心不在焉，不做作业，也不参与讨论。）

2. 将问题常态化（"我们都遇到过这种情况……"）。这有助于教师之间找到共同点，在学习社群中找到归属感。

3. 具体说明问题；分析问题的根源。（录制视频有助于我们发现，在课堂上，老师讲话占了90％，他们一边讲一边给出了所有作业的答案。）

4. 详细、准确地说明问题。（问题是什么样的？你注意到了什么？可能的原因是什么？例如，当我们滔滔不绝时，我们正在培养被动的学习者。学生像看糟糕的电视节目一样看着我们。老师并不是在教他们如何掌控自己的学习，老师没有给他们选择的机会，也没有给他们自己思考和讨论的机会。）

5. 根据你的观察创建通用规则或指导方针。（例如，倾听学生的声音，让学生自己做选择，可以增加他们的学习参与度；以教师为中心的学习则会导致学生的被动和心不在焉。）

6. 讨论不只是为了获得建议、学习技巧，也是为了研究学生的反应。

（在教室里，学生具体在做什么？我们注意到了哪些模式？）

有了这个框架，教师小组聚在一起时经常出现的问题就会变得容易处理了。这种范式有助于让活动更顺畅地进行，同时为寻找到团队目标提供了一个实用的计划。

解决这些问题的指导意见来自对高效能教师群体的研究，库珀博士也与我们做了分享。她的总结如下：

领导者必须在一开始就明确团队角色，让成员了解领导者设想的过程中的所有步骤，并在每个步骤中明确每个人的角色。

★ 预见问题：提出影响效率的常见障碍。

★ 提供方案（尤其是针对那些难以谈论的话题）：方案确定了讨论过程中要如何思考，朝什么方向讨论。明确的方案也使参与者能够抛下顾虑，畅所欲言。

★ 使用"释义护照"，即每位演讲者在发言前必须复述前一位演讲者的发言，以辅助听众理解，这就好像出示了出行护照之后才能进入下一步。

★ 解释流程：告诉每个人为什么使用特定的流程。重点在于讲清楚小组工作的内容或目标。

★ 帮助理解：提问"导致这个问题的原因有哪些"。

★ 遵循会议守则。可以尝试以下几条原则：

1. 一次一个流程

2. 一次进行一项

3. 均衡参与

4. 和平解决认知冲突

5. 理解会议角色

★ **全神贯注的对话**：使用视觉语言辅助思考。当你感到疲乏时，听觉系统会最先衰退。

当我们开始思考如何给彼此反馈和支持时，另外一个障碍出现了——鉴于我们的教学计划和课程安排各不相同，我们应如何观察彼此？校长并不想为了让我们有时间互相观察而雇用代课老师，因为代课老师很难管理。通过与导师的合作，我认识到拍摄视频是解决这个问题的一个好办法。一名小组成员用拨款购买了摄像机，并拿出其中一台分享给小组使用。这个后勤问题解决之后，我们转向了更困难的工作，即共同制订我们的观察方案和评价方案。

方案14.3 教师探究小组如何进行观察和汇报

目的

提供一个有效的、可借鉴的、严谨的、吸引人的课程模式，帮助其他小组成员对他们的课堂进行调整。

说明

指定主持人和首个演讲者。

★ **决定学习策略**：范围尽可能窄且具体。

★ 太大或太模糊的话题（例如动机或技术）会让每个人感到沮丧，导致你浪费时间和精力。例如，我们研究了"苏格拉底圈"讨论式教学法，如何让这套方法对学生更有吸引力。

★ 允许每个成员表达自己的担忧和问题。每个人都准备好必要的材料准时开始，共同努力为彼此创造一个安全的和互相支持的环境。

★ 全身心地为集体的成功付出努力，而不是仅仅在众人面前炫耀自己"看起来不错"。对建议持开放态度。致力于改善每个人的学习，包括学生和老师。尝试无所畏惧地分享成功和失败的经验，因为没有人知道终点在哪里，我们都在一起学习。

步骤

★ **5分钟到8分钟**——指定演讲者简要概述并解释研究进展。

演讲者给每个人分发包括以下信息的文字材料：

1. 所需阅读材料

2. 课程目标、策略或技巧

3. 你对这门课程计划做了哪些调整

4. 从之前的演讲者那里学到了什么，你做了哪些改变（在第一位演讲者完成展示之后）

5. 课程基本大纲

6. 议题、问题和困难

7. 对其他人的成功、学生学习的反思，你接下来要尝试什么

★ **10分钟到12分钟**——观看演讲者提供的学生或老师开展本课程的视频。

★ **10分钟**——对学生取得的成绩进行汇报，通过视频的形式展示出来。演讲者可以分享其他在材料中未体现的内容。

★ **10分钟**——讨论课程，提出修改、调整和改进课程的建议，并对技术问题和其他有助于取得最大成功的方法进行规划。

★ **5分钟**——决定下一个演讲者是谁，他们将录制什么视频。

共同制订这个方案让我们每个人都感到自己被赋予了某种权力。帕尔默告诉我，这并不奇怪，因为老师们通常不认为自己有能力解决自己的问题或做出自己的决定。只要我们给自己足够的时间和空间，我们就会创造一种乘数效应，在这种效应中，我们为自己做的好事会被放大，并扩散到其他领域。合作有效地创造了能量，这对花费大量时间帮助他人的教师来说是一种至关重要的资源。

帕尔默说："我认为赋权在这里是一个重要的词，因为我们大多数从事服务业的人都不认为自己是有权力的人，也不认为自己要卷入权力斗争。"

帕尔默认为我们的许多问题其实是恐惧问题。我们对体制无能为力，我们的孩子和我们自己只是庞大的体系中的一颗螺丝钉。他说："多年来，我一直听到大学和学院的教师告诉我，他们是多么无能为力。我对那些谈话失去了耐心，我想说'和谁比起来，你无能为力？你有了终身职位，你有了一份你和你的家人可以依靠的薪水。与谁相比，你是无能为力的？你想说你害怕使用你的力量吗？你承认吗，我认为我们真的需要用这种方式互相挑战。'"

◎ 如何把问题带入现实世界

在秘鲁，我学到了问题可以改变一个社区，我相信这对我们这些在学校工作的人来说是有借鉴意义的。20年前，一个年轻的澳大利亚人简·加维尔（Jane Gavel）在度假时发现自己热衷于帮助普马马卡村的村民。普马马卡村位于马丘比丘附近的库斯科郊区，和其他许多村庄一样，这个村庄也承受着贫困带来的沉重后果：营养不良、家庭暴力、毒瘾、受教育程度低以及缺乏医疗保障等。

加维尔在秘鲁创建了一个小型的非政府组织——"秘鲁的挑战"，他们从两个问题着手：（1）我们有什么？（2）我们能做什么？发掘出了社区内部固有的智慧、技能和才干，帮助他们创建了自己的解决方案。

"我们有什么"这个问题引发的答案是：土地。"我们能做什么"这个问题引发的答案是：用由重力驱动的灌溉系统，一项由他们的印加人祖先创造的技术，可以使土地更多产。

从那时起，他们种植并收获农作物。村民不吃的，就拿去卖钱。秘鲁是世界第二大花卉生产国和鲜花出口国。他们用这笔钱建造种植花卉的温室，这反过来又为建造炉灶提供了资金，从而减少了村民在住宅中用低效而危险的桉树生火造成的、长期困扰他们的呼吸系统疾病。

2016年夏天我们造访时，加维尔告诉我们村民们开始互助建房，有意践行秘鲁人深厚的互惠价值观。她说："俗话说，今天，你为我工作，我为你工作；明天，我们一起工作。"

令人印象最深刻的是，普马马卡村通过创建女性创业团体来销售本地工艺品，极大地降低了吸毒和家庭暴力的发生概率。销售利润可用于建设学校和其他乡村基础设施。

"10年前，这所学校还不存在，"当我们站在普马马卡幼儿园所在的大楼附近时，加维尔告诉我们，"一开始的那年夏天，只有两间教室。每个人都来盖校舍，花了6天时间盖好了第一座。"

教师来自秘鲁各地，从幼儿园一直教到七年级。学校靠出售自制面包维持生计，每个年级都有6个烘焙房，除了供应学校餐厅之外，剩下的可以出售。

无论在学校内还是学校外，当任何一个社群都像秘鲁这些村民一样自问——"我们有什么？我们能做什么？"他们就能找到生存之基、力量之源。这两个问题的答案可以让我们发现周围人的聪明才智，发现不管是同事还是学生，都有他们自身的智慧。这在学校之外的社区也同样适用。

玛格丽特·惠特利曾帮助那些与贫困作斗争的社区摆脱贫困，帮他们充分发挥自身的智慧，她告诉我，这些转变背后的力量是对人的信任。

"你不是来纠正他们的，"她说，"你必须放弃'我是来这里帮助你的'这种家长式的想法。而是'我和你在一起，我不是来帮你的，你可以自己动手。我只是来见证的，是你的同伴'。"

她建议老师们选择一两件事情尝试一下这两种不同的做法。

"我们能做到的是，想得小一些，快一些。它不是置入一个新课程或者一个新项目。它是在改变教室里的气氛。我最大的收获就是明白了人际关系才是一切。"

西德妮·查菲也对合作的必要性表示赞同，她告诉我自己与波士顿教育工作者合作组织一起开展的工作。她和来自波士顿公立学校、公立特许学校和教区学校的教育工作者们聚集在一起，相互学习、共同教学。她曾和一位老师共事，这位老师表示不知道该以怎样的步伐，进行怎样的改变，她从中得出的结论是：从小处着手。

"他已经当了很长时间的老师，感到非常绝望，他说，'我不知道怎样才能让我的孩子们这样做。这看起来像是20级，而我的孩子们像是3级。我怎么才能让他们达到那一步呢？'跨度太大了。所以我们一直在讨论第一步是什么？第一小步是什么？"她说。

在和他交谈时，她意识到老师们可以做他们一直帮学生做的事情：把大一点的想法分解成更容易付诸行动的小想法。

"你想在这个教学中尝试什么，就从那里开始吧。"她说，"你可以先尝试6个月或者一年。第二年，你就可以迈出更大的一步。如果你的学校里没有这样的支持体系，你就可以先尝试些新事物，你会有意想不到的收获的。"

查菲的经历有可能引起整个地区的关注和探讨，帮助农村地区的教师获得地区的专业意见和支持。

◎ 邀请父母参与讨论活动

伊莱恩·拉芙琳是我的导师兼教学搭档，她在工作中开展了真正让家长也参与进来的活动。这种围绕讲故事和共同探究而开展的活动，让我第一次清楚地认识到其中的潜力。她修改了一个小学老师演示的结对写作项目，将之用于高中生的教学。

5个多月来，学生们邀请他们的哥哥、姐姐、朋友、看护人或父母来拉芙琳的教室参加主题写作之夜。活动中，他们用问题帮助参与者搜寻和家庭传统等主题相关的记忆。每一对搭档写完之后就会分享他们的记忆。

拉芙琳与校长、移民协调员、家长、参与联络员一道，从多个渠道申请资助，为每个参加活动的人提供食物和奖品，并出版了活动的故事集。

"这个项目是为幼儿园的孩子设计的，理论上，家长们会很感兴趣，且我们在学校缺少这样的经历，因此我认为这个项目会很适合我们的孩子。"拉芙琳告诉我，"它确实有一定影响。一些家长，特别是西班牙裔

和亚裔，他们会在晚上来到学校，分享他们的故事。许多孩子之前从未
听父母说起过这些故事。"

越来越多的人得知这件事之后，她的教室也转移到了自助餐厅。拉
芙琳说，一开始有60多个人参加，后来人越来越多，因为其他老师也开
始邀请学生和家长。

以她为榜样，我在教中学时开展了一个"咖啡馆"活动，邀请家长
走进教室，听他们的孩子阅读或表演自己在这一年中写的作品。学生家
长坚持要提供食物，于是这成了一个多元文化的盛宴，其他班的老师和
学生纷纷被吸引，成为他们的观众。

在我开始教高中之后，"咖啡馆"的概念行不通了，学生们问我
是否可以在放学后一起更具体地谈谈哲学。利用克里斯托弗·菲利普
（Christopher Phillips）提出的"苏格拉底咖啡馆①"模型，我邀请教师、
家长和学生们放学后在咖啡馆见面，讨论他们选择的问题。社区里那些
与学校无关的人有时也会以演讲者或观众的身份加入。这样做的额外收
获是，社区的其他人对学生们的看法发生了变化，把他们当作高水平的
思考者，热爱有智慧的讨论。

这个概念也可以进一步扩展。教任何年级的老师都可以围绕自己的
主题使用这个模式。举个例子，我发现内特·鲍林关于公民自由的课内
研讨会就可以邀请家长参与。他的政治课可以通过相关的时事来审视公
民权利。

---

① 苏格拉底咖啡馆（Socrates Cafe）指的是一种有目的的对话模式，在这种模式中，人们聚集
在一起，按照苏格拉底式的方式进行深入的讨论。这可以让不同的人共同合作，对当下的重要议
题及某些难以解决的问题进行深入思考。

　　"我用了一整节课来讲解'黑命贵'维权运动①和'零运动'②，以及人们真正想要的政策变化是什么？"鲍林说道，"课后，孩子们进一步了解了他们的权利。《美国宪法第五修正案》③意味着你不必自证其罪，这就是为什么你不应该和警察谈，而应该请律师。这样告诉一个孩子显得更有意义。"

　　通过邀请他人提出问题，我们可以有意识地发掘其解决问题、提供解决方案的能力，重新唤起当我们像苏格拉底一样思考时所运用的古老智慧。

---

①　黑命贵（Black Lives Matters），意为"黑人的命很重要"或"黑人的命也是命"，是一场国际维权运动，起源于非裔美国人社区，抗议针对黑人的暴力和歧视。"黑命贵"抗议通常发生在警察击杀黑人事件后，同时，这项运动也反对暴力执法和美国刑事司法系统中的种族不平等问题。

②　零运动（Campaign Zero）是针对"黑命贵"运动提出的警察改革运动，旨在终止警察暴力。

③　《美国宪法第五修正案》规定"任何人不得在任何刑事案件中被迫自证其罪"。因此，美国警察在逮捕嫌犯后，都会对其进行米兰达警告，即告知其有保持沉默和拒绝回答的权利。

致　谢

如果没有得到大量的帮助，没有人可以完成如此大规模的项目，我非常感谢我的家人、朋友、同事以及学生，他们是我的灵感来源、顾问、啦啦队队长，也是我的监工，他们鼓励和督促着我，帮我在精神上完成了一项相当于将一辆大众汽车举过头顶的任务。

歌德（Goethe）曾说过："所有真正有智慧的思想，已被思考了成千上万遍，但是要把它们真正变成我们的，我们必须老老实实地将它们再思考一遍，直到它们在我们的个人经验中扎根。"而这正是我在这本书中试图做的。

帕克·帕尔默和玛格丽特·惠特利两人对我的教学有过很大的影响，没有他们的智慧和影响，我不确定这本书的撰写工作是否能顺利进行，我也不确定我是否会像其他的教师领导者一样高效。

我把最深的感谢给予本书中引用到的所有老师们，他们不仅仅是我的同行，也是激励我达到更高目标、做到更好的好朋友。我也很感谢我的写作伙伴，贾斯汀·明凯，他不厌其烦地帮助我，督促我进一步思考，委婉优雅地提出参考意见。汤姆·拉德马赫是这本书的最早的读者之一，也是这个项目的支持者，作为一名优秀的老师，他为我提供了宝贵的反馈意见。

感谢艾瑞斯·博斯科夫斯（Arnis Burvikovs），感谢耐心的向导阿

里尔·柯里（Ariel Curry）。

最后，也是最重要的，我想向我的伴侣——戴安·法林顿–柯蒂斯（Diane Farrington–Curtis）表示由衷的敬意和感谢，戴安在我完成本书的多年间给予了我充分的信任；没有戴安，没有我们的孩子赖利（Riley）、萨万娜（Savannah）和艾玛（Emma）的爱，我将一无所成。我所创造的东西和戴安的爱以及他们的支持相比，实在微不足道。

"常青藤"书系——中青文教师用书总目录

书名	书号	定价
特别推荐——从优秀到卓越系列		
从优秀教师到卓越教师：极具影响力的日常教学策略	9787515312378	33.80
从优秀教学到卓越教学：让学生专注学习的最实用教学指南	9787515324227	39.90
从优秀学校到卓越学校：他们的校长在哪些方面做得更好	9787515325637	59.90
卓越课堂管理（中国教育新闻网2015年度"影响教师的100本书"）	9787515331362	88.00
名师新经典/教育名著		
最难的问题不在考试中：先别教答案，带学生自己找到想问的事	9787515365930	48.00
在芬兰中小学课堂观摩研修的365日	9787515363608	49.00
马文·柯林斯的教育之道：通往卓越教育的路径（《中国教育报》2019年度"教师喜爱的100本书"，中国教育新闻网2019年度"影响教师的100本书"。朱永新作序，李希贵力荐）	9787515355122	49.80
如何当好一名学校中层：快速提升中层能力、成就优秀学校的31个高效策略	9787515346519	49.00
像冠军一样教学（全新修订版）：提升学生认知、习惯、专注力和归属感的63个教学诀窍	9787515373287	79.90
像冠军一样教学2：引领教师掌握62个教学诀窍的实操手册与教学资源	9787515352022	68.00
如何成为高效能教师	9787515301747	89.00
给教师的101条建议（第三版）（《中国教育报》"最佳图书"奖）	9787515342665	49.00
改善学生课堂表现的50个方法：小技巧获得大改变（中国教育新闻网2010年度"影响教师的100本书"）	9787500693536	33.00
改善学生课堂表现的50个方法操作指南：小技巧获得大改变	9787515334783	39.00
美国中小学世界历史读本/世界地理读本/艺术史读本	9787515317397等	106.00
美国语文读本（1~6册）	9787515314624等	252.70
和优秀教师一起读苏霍姆林斯基	9787500698401	27.00
快速破解60个日常教学难题	9787515339320	39.90
美国最好的中学是怎样的——让孩子成为学习高手的乐园	9787515344713	28.00
建立以学习共同体为导向的师生关系：让教育的复杂问题变得简单	9787515353449	33.80
教师成长/专业素养		
如何爱上教学：给倦怠期教师的建议	9787515373607	49.90
如何促进教师发展与评价：一套精准提高教师专业成长的马扎诺实操系统	9787515366913	59.90
人工智能如何影响教学：从作业设计、个性化学习到创新评价方法	9787515370125	49.00
项目式学习标准：经过验证的、严谨的、行之有效的课堂教学	9787515371252	49.90
自适应学习与合作学习:如何在学校课程体系中实现学生的深度学习	9787515371276	49.90
教师生存指南：即查即用的课堂策略、教学工具和课程活动	9787515370521	79.00
如何管理课堂行为	9787515370941	49.90
连接课：与中小学学科课程并重的一门课	9787515370613	49.90
专业学习共同体：如何提高学生成绩	9787515370149	49.90
更好的沟通：如何通过训练变得更可信、更体贴、更有人脉	9787515372440	59.90
教师生存指南：即查即用的课堂策略、教学工具和课程活动	9787515370521	79.00
如何更积极地教学	9787515369594	49.00
教师的专业成长与评价性思考：专业主义如何影响和改变教育	9787515369143	49.90
精益教育与可见的学习：如何用更精简的教学实现更好的学习成果	9787515368672	59.00
教学这件事：感动几代人的教师专业成长指南	9787515367910	49.00
如何更快地变得更好：新教师90天培训计划	9787515365824	59.90
让每个孩子都发光：赋能学生成长、促进教师发展的KIPP学校教育模式	9787515366852	59.00
60秒教师专业发展指南：给教师的239个持续成长建议	9787515366739	59.90
通过积极的师生关系提升学生成绩：给教师的行动清单	9787515356877	49.00
卓越教师工具包：帮你顺利度过从教的前5年	9787515361345	49.00
可见的学习与深度学习：最大化学生的技能、意志力和兴趣感	9787515361116	45.00
学生教给我的17件重要的事：带给你爱、勇气、坚持与创意的人生课堂	9787515361208	39.80
教师如何持续学习与精进	9787515361109	39.00
从实习教师到优秀教师	9787515358673	39.90
像领袖一样教学：改变学生命运，使学生变得更好（中国教育新闻网2015年度"影响教师的100本书"）	9787515355375	49.00

书名	书号	定价
★ 你的第一年：新教师如何生存和发展	9787515351599	33.80
教师精力管理：让教师高效教学，学生自主学习	9787515349169	39.90
如何使学生成为优秀的思考者和学习者：哈佛大学教育学院课堂思考解决方案	9787515348155	49.90
反思性教学：一个已被证明能让教师做到更好的培训项目（30周年纪念版）	9787515347837	59.90
★ 凭什么让学生服你：极具影响力的日常教育策略（中国教育新闻网2017年度"影响教师的100本书"）	9787515347554	39.90
运用积极心理学提高学生成绩（中国教育新闻网2017年度"影响教师的100本书"）	9787515345680	59.90
可见的学习与思维教学（教学资源版）：成长型思维教学的54个教学资源	9787515354743	36.00
★ 可见的学习与思维教学：让教学对学生可见，让学习对教师可见（中国教育报2017年度"教师喜爱的100本书"）	9787515345000	39.90
教学是一段旅程：成长为卓越教师你一定要知道的事	9787515344478	39.00
安奈特·布鲁肖写给教师的101首诗	9787515340982	35.00
万人迷老师养成宝典学习指南	9787515340784	28.00
中小学教师职业道德培训手册：师德的定义、养成与评估	9787515340777	32.00
成为顶尖教师的10项修炼（中国教育新闻网2015年度"影响教师的100本书"）	9787515334066	49.90
★ T.E.T.教师效能训练：一个已被证明能让所有年龄学生做到最好的培训项目（30周年纪念版）（中国教育新闻网2015年度"影响教师的100本书"）	9787515332284	49.00
教学需要打破常规：全世界最受欢迎的创意教学法（中国教育新闻网2015年度"影响教师的100本书"）	9787515331591	45.00
给幼儿教师的100个创意：幼儿园班级设计与管理	9787515330310	39.90
给小学教师的100个创意：发展思维能力	9787515327402	29.00
给中学教师的100个创意：如何激发学生的天赋和特长／杰出的教学／快速改善学生课堂表现	9787515330723等	87.90
以学生为中心的翻转教学11法	9787515328386	29.00
如何使教师保持职业激情	9787515305868	29.00
★ 如何培训高效能教师：来自全美权威教师培训项目的建议	9787515324685	39.90
良好教学效果的12试金石：每天都需要专注的事情清单	9787515326283	29.90
★ 让每个学生主动参与学习的37个技巧	9787515320526	45.00
给教师的40堂培训课：教师学习与发展的最佳实操手册	9787515352787	39.90
提高学生学习效率的9种教学方法	9787515310954	27.80
★ 优秀教师的课堂艺术：唤醒快乐积极的教学技能手册	9787515342719	26.00
★ 万人迷老师养成宝典（第2版）（中国教育新闻网2010年度"影响教师的100本书"）	9787515342702	39.00
课堂教学/课堂管理		
★ 如何成为一名反思型教师	9787515372754	59.90
设计有效的教学评价与评分系统	9787515372488	49.90
卓有成效的课堂管理	9787515372464	49.90
如何在课堂上使用反馈和评价	9787515371719	49.90
跨学科阅读技能训练：让学生学会通过阅读而学习	9787515372105	49.90
★ 老师怎么做，学生才会听：给教师的学生行为管理指南	9787515370811	59.90
精调式学习法：基于提高学生能力的学习方法	9787515370606	49.90
好的教学是设计出来的：一套详细、先进、实用的卓越课堂设计和实施方案	9787515370705	49.00
翻转课堂与差异化教学：以学生为中心的课内翻转教学法	9787515370590	49.00
精益备课法：在课堂上少做多得的实用方法	9787515370088	49.00
记忆教学法：利用记忆在课堂上建立深入和持久的学习	9787515370095	49.00
动机教学法：利用学习动机科学来提高课堂上的注意力和努力	9787515370101	49.00
目标教学法	9787515372952	49.90
★ 课堂上的提问逻辑：更深度、更系统地促进学生的学习与思考	9787515369983	49.90
可见的教学影响力：系统地执行可见的学习5D深度教学	9787515369624	59.00
极简课堂管理法：给教师的18个精进课堂管理的建议	9787515369600	49.00
★ 像行为管理大师一样管理你的课堂：给教师的课堂行为管理解决方案	9787515368108	59.00
差异化教学与个性化教学：未来多元课堂的智慧教学解决方案	9787515367095	49.90
如何设计线上教学细节：快速提升线上课程在线率和课堂学习参与度	9787515365886	49.00
设计型学习法：教学与学习的重新构想	9787515366982	59.00
让学习真正在课堂上发生：基于学习状态、高度参与、课堂生态的深度教学	9787515366975	49.00

书名	书号	定价
让教师变得更好的75个方法：用更少的压力获得更快的成功	9787515365831	49.00
技术如何改变教学：使用课堂技术创造令人兴奋的学习体验，并让学生对学习记忆深刻	9787515366661	49.00
课堂上的问题形成技术：老师怎样做，学生才会提出好的问题	9787515366401	45.00
翻转课堂与项目式学习	9787515365817	45.00
优秀教师一定要知道的19件事：回答教师核心素养问题，解读为什么要向优秀者看齐	9787515366630	39.00
从作业设计开始的30个创意教学法：运用互动反馈循环实现深度学习	9787515366364	59.00
基于课堂中精准理解的教学设计	9787515365909	49.00
如何创建培养自主学习者的课堂管理系统	9787515365879	49.00
如何设计深度学习的课堂：引导学生学习的176个教学工具	9787515366715	49.90
如何提高课堂创意与参与度：每个教师都可以使用的178个教学工具	9787515365763	49.90
如何激活学生思维：激励学生学习与思考的187个教学工具	9787515365770	49.90
男孩不难教：男孩学业、态度、行为问题的新解决方案	9787515364827	49.00
高度参与的线上线下融合式教学设计：极具影响力的备课、上课、练习、评价项目教学法	9787515364438	49.00
跨学科项目式教学：通过"+1"教学法进行计划、管理和评估	9787515361086	49.00
课堂上最重要的56件事	9787515360775	35.00
全脑教学与游戏教学法	9787515360690	39.00
深度教学：运用苏格拉底式提问法有效开展备课设计和课堂教学	9787515360591	49.90
一看就会的课堂设计：三个步骤快速构建完整的课堂管理体系	9787515360584	39.90
如何有效激发学生学习兴趣	9787515360577	38.00
如何解决课堂上最关键的9个问题	9787515360195	49.00
多元智能教学法：挖掘每一个学生的最大潜能	9787515359885	39.90
探究式教学：让学生学会思考的四个步骤	9787515359496	39.00
课堂提问的技术与艺术	9787515358925	49.00
如何在课堂上实现卓越的教与学	9787515358321	49.00
基于学习风格的差异化教学	9787515358437	39.90
如何在课堂上提问：好问题胜过好答案	9787515358253	39.00
高度参与的课堂：提高学生专注力的沉浸式教学	9787515357522	39.90
让学习变得有趣	9787515357782	39.00
如何利用学校网络进行项目式学习和个性化学习	9787515357591	39.90
基于问题导向的互动式、启发式与探究式课堂教学法	9787515356792	49.00
如何在课堂中使用讨论：引导学生讨论式学习的60种课堂活动	9787515357027	38.00
如何在课堂中使用差异化教学	9787515357010	39.90
如何在课堂中培养成长型思维	9787515356754	39.90
每一位教师都是领导者：重新定义教学领导力	9787515356518	39.90
教室里的1-2-3魔法教学：美国广泛使用的从学前到八年级的有效课堂纪律管理	9787515355986	39.90
如何在课堂中使用布卢姆教育目标分类法	9787515355658	39.00
如何在课堂上使用学习评估	9787515355597	39.00
7天建立行之有效的课堂管理系统：以学生为中心的分层式正面管教	9787515355269	29.90
积极课堂：如何更好地解决课堂纪律与学生的冲突	9787515354590	38.00
设计智慧课堂：培养学生一生受用的学习习惯与思维方式	9787515352770	39.00
追求学习结果的88个经典教学设计：轻松打造学生积极参与的互动课堂	9787515353524	39.00
从备课开始的100个课堂活动设计：创造积极课堂环境和学习乐趣的教师工具包	9787515353432	33.80
老师怎么教，学生才能记得住	9787515353067	48.00
多维互动式课堂管理：50个行之有效的方法助你事半功倍	9787515353395	39.80
智能课堂设计清单：帮助教师建立一套规范程序和做事方法	9787515352985	49.90
提升学生小组合作学习的56个策略：让学生变得专注、自信、会学习	9787515352954	29.90
快速处理学生行为问题的52个方法：让学生变得自律、专注、爱学习	9787515352428	39.00
王牌教学法：罗恩·克拉克学校的创意课堂	9787515352145	39.80
让学生快速融入课堂的88个趣味游戏：让上课变得新颖、紧凑、有成效	9787515351889	39.00
如何调动与激励学生：唤醒每个内在学习者（李希贵校长推荐全校教师研读）	9787515350448	39.80
合作学习技能35课：培养学生的协作能力和未来竞争力	9787515340524	59.00
基于课程标准的STEM教学设计：有趣有料有效的STEM跨学科培养教学方案	9787515349879	68.00
如何设计教学细节：好课堂是设计出来的	9787515349152	39.00

书名	书号	定价
15秒课堂管理法：让上课变得有料、有趣、有秩序	9787515348490	49.00
混合式教学：技术工具辅助教学实操手册	9787515347073	39.80
从备课开始的50个创意教学法	9787515346618	39.00
给小学教师的100个简单的科学实验创意	9787515342481	39.00
老师如何提问，学生才会思考	9787515341217	49.00
教师如何提高学生小组合作学习效率	9787515340340	39.00
卓越教师的200条教学策略	9787515340401	49.90
中小学生执行力训练手册：教出高效、专注、有自信的学生	9787515335384	49.90
从课堂开始的创客教育：培养每一位学生的创造能力	9787515342047	33.00
提高学生学习专注力的8个方法：打造深度学习课堂	9787515333557	35.00
改善学生学习态度的58个建议	9787515324067	36.00
★ 全脑教学（中国教育新闻网2015年度"影响教师的100本书"）	9787515323169	38.00
★ 全脑教学与成长型思维教学：提高学生学习力的92个课堂游戏	9787515349466	39.00
★ 哈佛大学教育学院思维训练课：让学生学会思考的20个方法	9787515325101	59.90
完美结束一堂课的35个好创意	9787515325163	28.00
如何更好地教学：优秀教师一定要知道的事	9787515324609	49.90
带着目的教与学	9787515323978	39.90
★ 美国中小学生社会技能课程与活动（学前阶段/1~3年级/4~6年级/7~12年级）	9787515322537等	215.70
彻底走出教学误区：开启轻松智能课堂管理的45个方法	9787515322285	28.00
破解问题学生的行为密码：如何教好焦虑、逆反、孤僻、暴躁、早熟的学生	9787515322292	36.00
13个教学难题解决手册	9787515320502	28.00
★ 让学生爱上学习的165个课堂游戏	9787515319032	59.00
美国学生游戏与素质训练手册：培养孩子合作、自尊、沟通、情商的103种教育游戏	9787515325156	49.00
老师怎么说，学生才会听	9787515312057	39.00
快乐教学：如何让学生积极与你互动（中国教育新闻网2010年度"影响教师的100本书"）	9787500696087	29.00
★ 老师怎么教，学生才会提问	9787515317410	29.00
★ 快速改善课堂纪律的75个方法	9787515313665	39.90
★ 教学可以很简单：高效能教师轻松教学7法	9787515314457	39.00
★ 好老师可以避免的20个课堂错误（中国教育新闻网2010年度"影响教师的100本书"）	9787500688785	39.90
★ 好老师应对课堂挑战的25个方法（《给教师的101条建议》作者新书）	9787500699378	25.00
★ 好老师激励后进生的21个课堂技巧	9787515311838	39.80
★ 开始和结束一堂课的50个好创意	9787515312071	29.80
好老师因材施教的12个方法（美国著名教师伊莉莎白"好老师"三部曲）	9787500694847	22.00
★ 如何打造高效能课堂	9787500680666	29.00
合理有据的教师评价：课堂评估衡量学生进步	9787515330815	29.00
班主任工作/德育		
30年班主任，我没干够（《凭什么让学生服你》姊妹篇）	9787515370569	59.00
★ 北京四中8班的教育奇迹	9787515321608	36.00
★ 师德教育培训手册	9787515326627	29.80
★ 好老师征服后进生的14堂课（美国著名教师伊莉莎白"好老师"三部曲）	9787500693819	39.90
优秀班主任的50条建议：师德教育感动读本（《中国教育报》专题推荐）	9787515305752	23.00
学校管理/校长领导力		
改造一所学校的设计新方案	9787515373737	69.90
★ 哈佛大学教育学院学校创新管理课	9787515369389	59.90
如何构建积极型学校	9787515368818	49.90
卓越课堂的50个关键问题	9787515366678	39.00
如何培育卓越教师：给学校管理者的行动清单	9787515357034	39.00
★ 学校管理最重要的48件事	9787515361055	39.80
重新设计学习和教学空间：设计利于活动、游戏、学习、创造的学习环境	9787515360447	49.90
重新设计一所好学校：简单、合理、多样化地解构和重塑现有学习空间和学校环境	9787515356129	49.00
学校管理者平衡时间和精力的21个方法	9787515349886	29.90
校长引导中层和教师思考的50个问题	9787515349176	29.00
如何定义、评估和改变学校文化	9787515340371	49.90

书名	书号	定价
优秀校长一定要做的18件事（中国教育新闻网2009年度"影响教师的100本书"）	9787515342733	39.90
学科教学/教科研		
精读三国演义20讲：读写与思辨能力提升之道	9787515369785	59.90
中学古文观止50讲：文言文阅读能力提升之道	9787515366555	59.90
完美英语备课法：用更短时间和更少材料让学生高度参与的100个课堂游戏	9787515366524	49.00
人大附中整本书阅读取胜之道：让阅读与作文双赢	9787515364636	59.90
北京四中语文课：千古文章	9787515360973	59.00
北京四中语文课：亲近经典	9787515360980	59.00
从备课开始的56个英语创意教学：快速从小白老师到名师高手	9787515359878	49.90
美国学生写作技能训练	9787515355979	39.90
《道德经》妙解、导读与分享（诵读版）	9787515351407	49.00
京沪穗江浙名校名师联手教你：如何写好中考作文	9787515356570	49.90
京沪穗江浙名校名师联手授课：如何写好高考作文	9787515356686	49.80
人大附中中考作文取胜之道	9787515345567	59.90
人大附中高考作文取胜之道	9787515320694	49.90
人大附中学生这样学语文：走近经典名著	9787515328959	49.90
四界语文（《中国教育报》2017年度"教师喜爱的100本书"）	9787515348483	49.00
让小学一年级孩子爱上阅读的40个方法	9787515307589	39.90
让学生爱上数学的48个游戏	9787515326207	26.00
轻松100课教会孩子阅读英文	9787515338781	88.00
情商教育/心理咨询		
如何防止校园霸凌：帮助孩子自信、有韧性和坚强成长的实用工具	9787515370156	59.90
连接课：与中小学学科课程并重的一门课	9787515370613	49.90
给大人的关于儿童青少年情绪与行为问题的应对指南	9787515366418	89.90
教师焦点解决方案：运用焦点解决方案管理学生情绪与行为	9787515369471	49.90
9节课，教你读懂孩子：妙解亲子教育、青春期教育、隔代教育难题	9787515351056	39.80
学生版盖洛普优势识别器（独一无二的优势测量工具）	9787515350387	169.00
与孩子好好说话（获"美国国家育儿出版物（NAPPA）金奖"）	9787515350370	39.80
中小学心理教师的10项修炼	9787515309347	36.00
别和青春期的孩子较劲（增订版）（中国教育新闻网2009年度"影响教师的100本书"）	9787515343075	39.90
100条让孩子胜出的社交规则	9787515327648	28.00
守护孩子安全一定要知道的17个方法	9787515326405	32.00
幼儿园/学前教育		
幼儿园室内区域活动书：107个有趣的学习游戏活动	9787515369778	59.90
幼儿园户外区域活动书：106个有趣的学习游戏活动	9787515369761	59.90
中挪学前教育合作式学习：经验·对话·反思	9787515364858	79.00
幼小衔接听读能力课	9787515364643	33.00
用蒙台梭利教育法开启0~6岁男孩潜能	9787515361222	45.00
德国幼儿的自我表达课：不是孩子爱闹情绪，是她/他想说却不会说！	9787515359458	59.00
德国幼儿教育成功的秘密：近距离体验德国学前教育理念与幼儿园日常活动安排	9787515359465	49.80
美国儿童自然拼读启蒙课：至关重要的早期阅读训练系统	9787515351933	49.80
幼儿园30个大主题活动精选：让工作更轻松的整合技巧	9787515339627	39.80
美国幼儿教育活动大百科：儿童学习与发展指南用书 科学 / 艺术 / 健康与语言 / 社会	9787515324265等	600.00
蒙台梭利儿童教育手册：3~6岁儿童学习与发展指南（实践版）	9787515307664	33.00
自由地学习：华德福的幼儿园教育	9787515328300	49.90
教育主张/教育视野		
为问题提出而教：支持学生从问题走向问题解决的学习模型	9787515372716	59.90
重新定义教育：为核心素养而教，为生存能力而学（中国教育新闻网2023年度"影响教师的100本书"）	9787515369945	59.90
重新定义学习：如何设计未来学校与引领未来学习	9787515367484	49.90
教育新思维：帮助孩子达成目标的实战教学法	9787515365848	49.00
用心学习：教育大师托尼·瓦格纳的学习之道（中国教育新闻网2023年度"影响教师的100本书"）	9787515366685	59.90

书名	书号	定价
为什么学生不喜欢上学？：认知心理学家解开大脑学习的运作结构，如何更有效地学习与思考（中国教育新闻网2023年度"影响教师的100本书"）	9787515367088	59.90
★ 教学是如何发生的：关于教学与教师效能的开创性研究及其实践意义	9787515370323	59.90
★ 学习是如何发生的：教育心理学中的开创性研究及其实践意义	9787515366531	59.90
父母不应该错过的犹太人育儿法	9787515365688	59.00
如何在线教学：教师在智能教育新形态下的生存与发展	9787515365855	49.00
正向养育：黑幼龙的慢养哲学	9787515365671	39.90
颠覆教育的人：蒙台梭利传	9787515365572	59.90
如何科学地帮助孩子学习：每个父母都应知道的77项教育知识	9787515368092	59.00
学习的科学：每位教师都应知道的99项教育研究成果（升级版）	9787515368078	59.90
学习的科学：每位教师都应知道的77项教育研究成果	9787515364094	59.00
真实性学习：如何设计体验式、情境式、主动式的学习课堂	9787515363769	49.00
哈佛前1%的秘密（俞敏洪、成甲、姚梅林、张梅玲推荐）	9787515363349	59.90
基于七个习惯的自我领导力教育设计：让学校育人更有道，让学生自育更有根	9787515362809	69.00
终身学习：让学生在未来拥有不可替代的决胜力	9787515360560	49.90
颠覆性思维：为什么我们的阅读方式很重要	9787515360393	39.90
如何教学生阅读与思考：每位教师都需要的阅读训练手册	9787515359472	39.00
成长型教师：如何持续提升教师成长力、影响力与教育力	9787515368689	48.00
教出阅读力	9787515352800	39.90
为学生赋能：当学生自己掌控学习时，会发生什么	9787515352848	33.00
★ 如何用设计思维创意教学：风靡全球的创造力培养方法	9787515352367	39.80
如何发现孩子：实践蒙台梭利解放天性的趣味游戏	9787515325750	32.00
如何学习：用更短的时间达到更佳效果和更好成绩	9787515349084	49.00
教师和家长共同培养卓越学生的10个策略	9787515331355	27.00
★ 如何阅读：一个已被证实的低投入高回报的学习方法	9787515346847	39.00
★ 芬兰教育全球第一的秘密（钻石版）（《中国教育报》等主流媒体专题推荐）	9787515359922	59.00
培养终身学习能力和习惯的芬兰教育：成就每一个学生，拥有适应未来的核心素养和必备技能	9787515370415	59.00
★ 杰出青少年的7个习惯（精英版）	9787515342672	39.00
杰出青少年的7个习惯（成长版）	9787515335155	29.00
★ 杰出青少年的6个决定（领袖版）（全国优秀出版物奖）	9787515342658	49.90
★ 7个习惯教出优秀学生（第2版）（全球畅销书《高效能人士的七个习惯》教师版）	9787515342573	39.90
学习的科学：如何学习得更好更快（中国教育新闻网2016年度"影响教师的100本书"）	9787515341767	39.80
杰出青少年构建内心世界的5个坐标（中国青少年成长公开课）	9787515314952	59.00
★ 跳出教育的盒子（第2版）（美国中小学教学经典畅销书）	9787515344676	35.00
夏烈教授给高中生的19场讲座	9787515318813	29.90
★ 学习之道：美国公认经典学习书	9787515342641	39.00
★ 翻转学习：如何更好地实践翻转课堂与慕课教学（中国教育新闻网2015年度"影响教师的100本书"）	9787515334837	32.00
★ 翻转课堂与慕课教学：一场正在到来的教育变革	9787515328232	26.00
翻转课堂与混合式教学：互联网+时代，教育变革的最佳解决方案	9787515349022	29.80
翻转课堂与深度学习：人工智能时代，以学生为中心的智慧教学	9787515351582	29.80
★ 奇迹学校：震撼美国教育界的教学传奇（中国教育新闻网2015年度"影响教师的100本书"）	9787515327044	36.00
★ 学校是一段旅程：华德福教师1~8年级教学手记	9787515327945	49.00
★ 高效能人士的七个习惯（30周年纪念版）（全球畅销书）	9787515360430	79.00

您可以通过如下途径购买：

1. 书　　店：各地新华书店、教育书店。
2. 网上书店：当当网（www.dangdang.com）、天猫（zqwts.tmall.com）、京东网（www.jd.com）。
3. 团　　购：各地教育部门、学校、教师培训机构、图书馆团购，可享受特别优惠。
　　购书热线：010-65511272 / 65516873